1

24 horas

Ramón Díez Galán

En este libro vas a encontrar una gramática fácil:

PRESENTE

	Trabajar (-AR)	Comer (-ER)	Vivir (-IR)
(yo)	trabaj-o	com-o	viv-o
(tú)	trabaj-as	com-es	viv-es
(usted, él, ella)	trabaj-a	com-e	viv-e
(nosotros, -.as)	trabaj-amos	com-emos	viv-imos
(vosotros, -as)	trabaj-áis	com-éis	viv-is
(ustedes, ellos, -as)	trabaj-an	com-en	viv-en

VERBOS IRREGULARES

E > IE

O > UE

E > I

Entender

Volver

Pedir

ENTIENDO
ENTIENDES
ENTIENDE
ENTENDEMOS
ENTENDÉIS
ENTIENDEN

VUELVO
VUELVES
VUELVE
VOLVEMOS
VOLVÉIS
VUELVEN

PIDO
PIDES
PIDE
PEDIMOS
PEDÍS
PIDEN

*Tener, querer, perder, sentir, empezar, comenzar, despertar, fregar, recomendar, venir, preferir.

*Costar, morir, acostar, doler, dormir, llover, volar, recordar, soñar, encontrar, colgar.

*Corregir, freír, vestir, decir, embestir, derretir, competir, despedir, seguir, repetir.

3

GERUNDIO

Se utiliza para hablar de cosas que suceden en el mismo momento.

El gerundio se forma sustituyendo las terminaciones del infinitivo (-ar, -er, -ir) por -**ando**, -**iendo**.

Estar + Gerundio

ESTAR	Para formar el **GERUNDIO** cambiamos:
Yo **estoy** Tú **estás** Él / ella **está** Nosotros **estamos** Vosotros **estáis** Ellos / ellas **están**	· La terminación de los verbos (-ar) por (-**ando**) trabajar = **trabajando** hablar = **hablando** · La terminación de los verbos (-er), (-ir) por (-**iendo**) comer = **comiendo** vivir = **viviendo**

· *Ahora* **estoy paseando** *por la playa de Alicante.*
· *El capitán no puede hablar porque* **está trabajando***.*
· *Los periodistas* **están escribiendo** *la noticia del secuestro.*

VERBOS IRREGULARES

Algunos verbos tienen el participio irregular:

Decir = diciendo	Dormir = durmiendo	Morir = muriendo
Pedir = pidiendo	Divertir = divirtiendo	Servir = sirviendo

· *Son las tres de la noche y Roberto no* **está durmiendo***.*
· *Espera un momento, Cristina y Javier* **están pidiendo** *la cuenta.*
· *El testigo* **está diciendo** *todo lo que sabe.*

PRETÉRITO PERFECTO

Se utiliza para hablar de situaciones que ya han terminado, sin embargo, el tiempo del que hablamos <u>todavía no ha acabado</u>, por ejemplo: *hoy, esta semana, este mes, este año, en mi vida, nunca.*

Formación

VERBO HABER + PARTICIPIO

HABER	Para formar el **PARTICIPIO** cambiamos:
Yo **he** Tú **has** Él / ella **ha** Nosotros **hemos** Vosotros **habéis** Ellos / ellas **han**	· La terminación de los verbos (-ar) por (-**ado**) trabajar = **trabajado** hablar = **hablado** · La terminación de los verbos (-er), (-ir) por (-**ido**) comer = **comido** vivir = **vivido**

· *Hoy* **he estado** *en el centro de Alicante.*
· *Esta semana el inspector* **ha trabajado** *mucho.*
· *Los policías* **han detenido** *al criminal esta mañana.*

VERBOS IRREGULARES

Algunos verbos tienen el participio irregular:

Hacer = hecho   Escribir = escrito   Decir = dicho
Abrir = abierto   Volver = vuelto   Morir = muerto
Poner = puesto   Romper = roto   Ver = visto

· *Roberto* **ha escrito** *un mensaje a su compañera Cristina.*
· *Los delincuentes no* **han dicho** *la verdad en el interrogatorio.*
· *Yo nunca* **he visto** *al dueño de la discoteca Mermelada.*

24 HORAS
HISTORIA DE UN SECUESTRO
A2/B1

RAMÓN DÍEZ GALÁN

Personajes:

 Roberto Sánchez: Inspector de la policía de Alicante.

Manuel Ramos: Veterano capitán de la policía.

 Miguel Fernández "Mimi", estrella de la televisión.

Natasha Petrova, novia del "Mimi".

 Andrei Antonescu: dueño de la discoteca Mermelada.

Daniel: primo del "Mimi".

 Cristina: secretaria de la comisaría de policía.

El Culebra: joven ladrón conocido en toda la ciudad.

 Vasili Zaitsev, portero de discoteca y ex novio de Natasha.

Quique García, presentador de un programa de TV.

 Javier, joven y ambicioso policía.

Manuel Fernández y Victoria Otero, padres del "Mimi"

Agente Ramírez, policía de Alicante.

Max: Portero de Mermelada con un tatuaje en la cara.

🕐 00:01

Casa de Roberto, centro de Alicante

Es una noche calurosa de octubre, Roberto todavía no está acostumbrado al clima mediterráneo, da vueltas en su cama y no puede cerrar los ojos a pesar de que ha tomado tres pastillas que el médico le ha dado para dormir bien. Esta semana ha dormido menos de 4 horas cada día, el trabajo en la policía es muy estresante y sus vecinos son unos estudiantes que hacen fiestas casi todos los días. Finalmente, un poco de silencio, Roberto cierra los ojos y duerme como un bebé.

¡Ring! ¡Ring! Suena el teléfono.

– Sí, soy el agente Roberto Sánchez… ¿Un **secuestro**[1]? ¿El de la televisión? Salgo ya, tardo 20 minutos.

Dos cosas están claras si trabajas como inspector de policía en una ciudad como Alicante, no vas a tener casi amigos y vas a dormir muy poco. Roberto recuerda las noches frías de Pamplona, su ciudad natal. Ahora por motivos de trabajo vive en el sur de España, donde espera convertirse en el policía que siempre ha querido ser.

Cambia su pijama por unos pantalones vaqueros y una camiseta de manga corta que ya ha utilizado tres días seguidos. Comprueba la batería que tiene su teléfono móvil, 37%, no es suficiente para todo el día pero no tiene tiempo de cargarlo. Se lava la cara rápidamente y sale a la calle.

---

[1] Retener a una persona por la fuerza y en contra de su voluntad, con el fin de exigir dinero a cambio de su libertad. EN: kidnapping

Casa de Miguel Fernández, el cabo de Alicante

– Llegas pronto inspector Sánchez, como siempre. – El capitán de la policía Manuel Ramos se despide del taxista que le ha llevado y saluda a su compañero con un fuerte apretón de manos.

A Roberto no le gusta nada su capitán, es un hombre que siempre piensa que sabe todo lo que hay que hacer y no escucha a otras personas. Ha hecho las cosas mal muchas veces en su vida, pero nunca ha pedido perdón a nadie. El capitán tiene más de sesenta años y piensa que el mundo no ha cambiado nada desde el año 1990, no sabe nada de internet y todavía utiliza un viejo Nokia más duro que una piedra. Es un policía de los que ya no se pueden ver por las calles, una auténtica pieza de museo. Manuel es un hombre bajo y un poco gordo que no cuida mucho su imagen, al parecer desde hace unos años su mujer ha dejado de comprarle la ropa, por lo que su vestuario del día a día varía entre cuatro camisas viejas.

– Buenas noches capitán. ¿Qué ha pasado? – Pregunta Roberto con cara de necesitar dormir 20 horas más.

– Como ya te he dicho por teléfono, han secuestrado al "Mimi", ese cantante que vuelve locas a todas las chicas con sus tontas canciones de amor. Vamos a hablar con su novia a ver que nos dice, ella es quien ha llamado a la comisaría.

Los dos policías entran en la villa de Miguel Fernández, el "Mimi", Roberto no puede parar de mirar todas las obras de arte que hay en la casa y piensa: ¿Cómo puede ser tan rico un hombre que no ha terminado ni la escuela secundaria? a Roberto tampoco le gustan los famosos de los reality show como el "Mimi", piensa que son como un coche muy bonito por fuera pero vacío por dentro.

Una preciosa chica baja por las escaleras, sin duda alguna su cuerpo cumple los estándares para ser modelo de **pasarela**[2], es rubia, delgada y alta. Está maquillada como para ir a una fiesta pero no parece tener intención de salir de casa.

– Buenas noches agentes, soy Natasha, gracias por venir tan rápido. Podemos hablar en la cocina. ¿Queréis algo de beber?

– Un café, por favor. – Pide Manuel.

– Dos. – Añade Roberto.

El acento de Natasha es ruso, polaco, ucraniano o tal vez checo. Parece una chica preocupada por su imagen, no habla muy bien español y alarga las palabras con un acento sensual. Roberto cree que la ha visto antes en la televisión, está casi seguro que esta chica ha estado en uno de estos programas tontos del corazón que ponen en la tele después de comer.

Con los cafés en la mesa Natasha empieza a hablar:

– Necesito vuestra ayuda, unos mafiosos han secuestrado a mi novio Miguel, tenemos que encontrarlo rápido, mañana a las 00:00 le van a matar.

– Tranquila, cuéntanos. ¿Qué ha pasado exactamente? – Roberto pregunta al mismo tiempo que pone azúcar en su café.

----

[2] Pequeño puente que queda rodeada de público y que sirve para desfilar los modelos. EN: fashion show

Natasha, con **lágrimas**[3] en los ojos, contesta.

– Esta noche hemos salido a cenar a un restaurante en la playa de San Juan, yo he tomado lasaña y Miguel ternera. Hemos vuelto a casa en taxi sobre las 00:00, yo he entrado a casa y, en ese momento, unos mafiosos con máscaras han salido de un coche negro y han metido a Miguel en el maletero, sólo han dejado esto:

24 HORAS

El capitán y Roberto inspeccionan el papel.

–Vamos a comprobar en la comisaría si hay **huellas** [4]de los secuestradores. – Comenta Manuel mientras guarda el trozo de papel en una bolsita de plástico. – ¿Sabes si el "Mimi" tiene algún enemigo? ¿Problemas económicos?

Natasha coge un pequeño espejo de la mesa, comprueba el maquillaje de sus ojos y contesta.

– ¿Problemas económicos? ¿No ves la casa? ¡Claro que no tenemos problemas con el dinero! Y enemigos… Hmmm… En el puerto hay una discoteca que se llama "Mermelada", Miguel ha trabajado allí muchos años, pero últimamente ha tenido problemas con el dueño, ¡seguro que ha sido él! – Tras terminar la frase, la chica vuelve a llorar intensamente.

– Tranquila, voy a ir a la discoteca y voy a investigar. ¿Cómo se llama

---

[3] Gotas de líquido que salen del ojo como consecuencia de una emoción intensa o irritación. EN: tears

[4] Marca que se deja en un lugar con los dedos o con los pies. EN: fingerprints

el dueño? – Roberto saca una libreta para escribir todos los detalles.

Natasha responde enfadada.

– Andrei Antonescu, es rumano, seguro que quiere dinero y por eso ha secuestrado a mi "Mimi", sabe que vamos a casarnos el próximo mes. Andrei es una rata que sólo piensa en ganar dinero. ¡No le importan las personas! ¡Tenéis que detenerle!

Roberto trata de calmar a Natasha y continúa con sus preguntas:

– ¿Has notado algo extraño en Miguel últimamente?

– Hmmm... Ha ido a depilarse las piernas y las cejas dos veces en un mes, se ha dejado barba y ha cambiado de entrenador en el gimnasio.

Roberto escribe todo lo que considera útil para la investigación.

– ¿Has hablado ya con su familia?

La hermosa rubia recoge las tazas de café vacías de la mesa y contesta.

– No conozco a nadie de su familia, solo sé que Miguel tiene un primo que vive en Alicante, se llama Daniel y trabaja en el bar "El Castillo", le he visto sólo una vez.

– Una última pregunta: ¿Qué le gusta hacer a Miguel? – Aparte de hacer el tonto en la televisión piensa Roberto.

– Ay pues no sé… Lo típico: jugar al golf, al póquer, salir de fiesta, ir a la playa, tomar el sol y entrenar como un loco en el gimnasio, casi todos los días va a un gimnasio que se llama "Sparta".

Los dos policías se levantan de sus sillas, Roberto guarda su libreta y Manuel se despide.

– Muy bien, hemos terminado por ahora, con esto ya tenemos información para empezar la investigación, estamos en contacto por

teléfono. Recuerda no hablar con nadie sin llamarnos antes
a nosotros.

⌣ 00:42

Los dos agentes se dirigen hacia la comisaría en el coche de Roberto
y discuten sobre la conversación que han tenido minutos antes.
El capitán es ahora quien hace las preguntas.

– ¿No te parece extraño? Natasha y el "Mimi" se van a casar
el próximo mes, pero la chica todavía no conoce a la familia de su
futuro marido.

– Muy extraño. – Responde Roberto. – Pienso que ella…

Manuel **interrumpe**[5] a su compañero con otra pregunta.

– Y… ¿No te ha parecido una muy buena actriz que nos ha contado
lo que ha querido?

–Sí, la verdad es que… – Roberto intenta responder a la pregunta de
su capitán, sin embargo, no tiene éxito porque Manuel continua con
sus preguntas.

– ¿Quién son los principales responsables de los crímenes en parejas
jóvenes?

Por tercera vez el inspector quiere responder a la pregunta de su jefe.

– Pues normalmente familiares y ami…

– Los familiares y los amigos. – El capitán parece que está hablando
solo. – Hay que investigar a esa Natasha, creo que no nos ha dicho

---

[5] Cortar la palabra a una persona, hablando al mismo tiempo que ella. EN: interrupt

toda la verdad.

– Si capitán, yo pienso que…

– ¿Y por qué nos ha hablado mal del dueño de la discoteca Mermelada?

La conversación continua, Roberto no consigue responder a ninguna de las preguntas, no puede imaginar cómo su compañero ha llegado a ser capitán de policía sin escuchar a nadie. Llegan a la comisaría en poco más de 10 minutos, el capitán baja del coche y se despiden. Roberto compra un Red–Bull en una máquina de refrescos, odia esa bebida, sin embargo, no ha dormido mucho y piensa que esto le puede ayudar a estar despierto y continuar con la investigación.

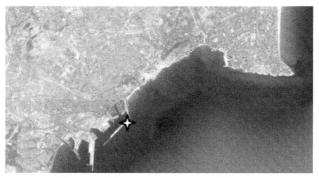

Zona de discotecas, puerto de Alicante

Los siete días de la semana hay fiestas en Alicante. El inspector Sánchez está enfrente de la puerta de la discoteca Mermelada, puede ver como cientos de personas de su edad se divierten, un grupo de jóvenes bromean en la salida del club, parece que se lo están pasando bien. Hace tiempo que Roberto no ve a sus amigos de Pamplona, es difícil cuando vives a cientos de kilómetros de ellos, les echa de menos.

Los dos gorilas de la discoteca ponen mala cara cuando el inspector de policía les dice que quiere ver a Andrei Antonescu, parecen dos bulldogs humanos, uno de ellos tiene tatuado un dragón que le sale por el cuello, el otro todavía menos discreto luce un tatuaje estilo Mike Tyson en plena cara.

El del dragón en el cuello avisa a su jefe por radio de la presencia del inspector y en menos de un minuto le invitan a entrar, "Mike Tyson" le acompaña hasta una de las salas VIP de la discoteca.

– Max, hoy es la última vez, si vuelves a llegar tarde al trabajo te despido. – Andrei Antonescu hace su papel de jefe y ejerce su autoridad sobre el gorila que ha acompañado a Roberto.

– Lo siento jefe, no va a volver a pasar. – Max mira al suelo, delante

16

de su jefe no parece tan duro como aparentan sus músculos y su tatuaje en la cara.

– Buenas noches agente, ¿en qué puedo ayudarle? – Andrei tiene una sonrisa desafiante, de estas que parece estar diciendo "soy mejor que tú". Es un hombre alto, fuerte y parece evidente que va al gimnasio con frecuencia, tiene letras chinas en los dos brazos y un pendiente de oro en la oreja izquierda.

Roberto comienza con sus preguntas.

– Tengo entendido que Miguel Fernández el "Mimi" ha trabajado aquí. ¿Cuándo le has visto por última vez?

Andrei **susurra**[6] algo al oído de su guardaespaldas y contesta a la pregunta.

– Miguel Fernández… pues sí, ha trabajado aquí, es un tío guapo sin cerebro, las chicas ven sus ojos azules y se vuelven locas. Ahora mismo no recuerdo muy bien, pero estoy seguro de que este año no le he visto.

– ¿Por qué ya no trabajáis juntos?

– Se cree que es una estrella de Hollywood y lo único que hace es salir en los programas del corazón para las niñas tontas. Nunca me ha gustado la gente como él, yo sólo quiero lo mejor para mi negocio y, si los clientes de mi discoteca quieren al "Mimi", pues yo les doy al "Mimi".

– Vamos a hablar de ti. ¿Qué has hecho hoy? ¿Has estado aquí toda la noche?

– Tooooooda la noche. – Responde el rumano con una sonrisa en la cara. – He venido a las 20:00 y aquí sigo. No sé qué ha pasado ni quiero saberlo, pero sé una cosa, aquí no están las respuestas que

---

[6] Hablar en voz muy baja. EN: to whisper

buscas.

– Una última pregunta: ¿Conoces a la novia del "Mimi"?

Andrei se levanta de la mesa y levanta los brazos.

– ¡Ahora ya está todo claro! ¡Natasha! ¡Por eso la policía está en mi local! Esa mujer es un tornado, un huracán, la caja de Pandora, un imán del caos, una granada sin anilla. Todo lo que hay cerca de ella se convierte en problemas, lo mejor que puedes hacer es estar lejos de esa mujer. ¿Has visto su antigua casa en San Vicente? Si quieres conocer a Natasha tienes que ir allí.

Roberto escribe todo en su libreta como siempre, se despide del rumano y del gorila Max "Mike Tyson".

De camino a la salida pregunta a dos camareros para estar seguro de que Andrei ha estado allí toda la noche, los dos confirman la historia, dicen que su jefe ha llegado a las 20:00 y ninguno de ellos le ha visto salir del local.

El joven inspector vuelve al coche con más dudas que respuestas, no ha conseguido demasiada información y esto le cabrea.

🕐 01:19

Roberto repasa sus notas una y otra vez en el aparcamiento, parece que Andrei Antonescu tiene una buena **coartada**[7], sin embargo, no quiere quitarlo de la lista de sospechosos. El rumano no es el tipo de delincuente al que le gusta mancharse las manos, parece de esos que prefieren contratar a unos matones para los trabajos sucios.

_____

[7] Prueba que demuestra la inocencia de un acusado. EN: alibi

Cuando un inspector necesita información lo mejor es llamar a la comisaría, donde la simpática Cristina siempre contesta al teléfono con dulces palabras.

– Buenas noches amor, ¿qué haces trabajando a estas horas? Hoy, si no recuerdo mal, tienes la noche libre.

Roberto arranca el coche al mismo tiempo que habla por el "manos libres".

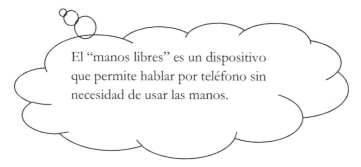

El "manos libres" es un dispositivo que permite hablar por teléfono sin necesidad de usar las manos.

– Pues el capitán me ha despertado, tenemos un caso de secuestro y parece que soy el único inspector en el universo.

– A ti te voy a secuestrar yo un día si no paras de trabajar.

Cristina es lo más parecido a una amiga que Roberto tiene en la ciudad, es la alegría en persona, nunca parece estar cansada ni tener problemas, es una de las pocas personas que consiguen hacerle sonreír sólo con una mirada.

– Necesito información sobre Natasha Petrova, su antigua dirección en San Vicente y antecedentes penales, necesito saber si ha hecho algo ilegal en su vida, también quiero una patrulla de policía vigilando delante de su casa las próximas veinticuatro horas.

– Muy bien, si descubro algo te llamo a tu teléfono móvil. Si hay algo

interesante de nuestra nueva amiga yo lo voy a encontrar. –
La secretaria contesta con su voz dulce.

– Y también mira a ver si encuentras algo de la discoteca Mermelada
o de su dueño Andrei Antonescu. Tengo que colgar el teléfono,
gracias Cristina.

– Gracias a ti Roberto por la invitación a cenar.

– ¿Invitación a cen…? – Roberto no puede terminar la frase porque
su compañera cuelga el teléfono entre risas.

Próxima parada, bar "El Castillo".

EJERCICIOS

1. Roberto no ………………….. (poder) dormir.
a) ha podido   b) he podido   c) hemos podido

2. El Mimi ………………….. (tener) un problema con Andrei.
a) he tenido   b) teniendo   c) ha tenido

3. A Andrei no ………………….. (gustar) Natasha.
a) me gusta   b) le gusta   c) te gusta

4. El inspector ………………….. (buscar) al primo del Mimi.
a) estoy buscando b) busco   c) está buscando

5. Roberto ………………….. (querer) hablar con Andrei.
a) quiere   b) quiero   c) he querido

6. El capitán no ………………….. hablar al inspector.
a) lleva   b) deja   c) prepara

7. Natasha no ………………….. a la familia del Mimi.
a) conoce   b) sabe   c) va

8. Andrei dice que ………………….. toda la noche en la discoteca.
a) ha estado   b) ha ido   c) ha sido

Soluciones: 1 – a, 2 – c, 3 – b, 4 – c, 5 – a, 6 – b, 7 – a, 8 – a

Barrio de San Gabriel, Alicante

A pesar de conocer bien la zona le ha costado demasiado encontrar el bar donde trabaja Daniel, el primo del "Mimi". Parece el típico bar español donde día tras día se reúnen los amigos del barrio para tomar unas cañas y tapas. A través del cristal puede ver a los últimos clientes despedirse del camarero que limpia la barra y la cafetera. Roberto piensa que ha llegado en el momento perfecto para tener una conversación discreta.

– Buenas noches, inspector Sánchez de la Policía Nacional. ¿Trabaja aquí Daniel? Quiero hacerle unas preguntas.

El camarero deja de limpiar la barra, lanza el trapo al fregadero y se acerca para contestar.

– Sí, yo también quiero hacerle una pregunta a Daniel, que por qué no ha venido esta noche a trabajar, hemos tenido el bar lleno y he estado aquí yo solo.

– Y… ¿no ha avisado?

– Pues no, no ha dicho nada. Aquí he estado toda la noche esperando y trabajando como un tonto. ¿Qué ha pasado? ¿Ha hecho algo malo? a ese chico le gusta meterse en problemas.

– Busco a su primo Miguel Fernández, el "Mimí".

– ¿El de la tele?

– Sí, el mismo, ¿sabes algo de él?

– Sé que es un **borracho**[8] y que cuando viene aquí se bebe todo lo que tenemos con alcohol. Estoy seguro de que gana muchísimo dinero con esos reality show tontos de la tele, pero cuando viene aquí nunca me da propina… No deja encima de la mesa ni siquiera las monedita de un céntimo… ¡Desgraciado!

– ¿Sabes dónde puedo buscar a Daniel?

– Su casa no está lejos de aquí, te escribo la dirección.

◷ 01:42

Roberto sabe perfectamente dónde tiene que ir, aunque no trabaja desde hace mucho tiempo en la ciudad, ya ha tenido que ir en varias ocasiones a la dirección que tiene entre sus manos. Es un viejo bloque de edificios donde hay más problemas que en todo el continente africano, la mayoría de los vecinos son gitanos y se dedican a vender cosas en los mercadillos de la ciudad, en varias ocasiones productos robados o ilegales. El inspector aparca el coche a unos cien metros del edificio, camina en dirección al portal cuando ve una cara que le resulta familiar, un ladrón llamado el Culebra, bien conocido por todos los policías de la ciudad. Es un chico joven, pequeño como un colibrí, pero ágil y **escurridizo**[9] como una

---

[8] Persona que bebe alcohol en exceso. EN: drunk

[9] Que se escapa o escabulle con facilidad. EN: elusive

serpiente, de ahí su apodo. Está saliendo de una furgoneta vieja aparcada en la calle.

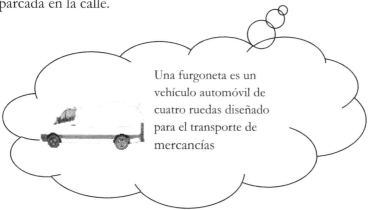

Una furgoneta es un vehículo automóvil de cuatro ruedas diseñado para el transporte de mercancías

Aunque tiene solamente 24 años, el Culebra ya ha estado dos veces en prisión, ambas por robo. Sus principales víctimas son los turistas que disfrutan del sol en las terrazas de las cafeterías o en la playa del Postiguet, cuando salen del mar se llevan la sorpresa de que sus teléfonos o carteras han desaparecido. La policía ha estado buscando a un ladrón de sus características en las últimas semanas por el robo de una moto, pero no han podido localizarlo en su antigua dirección, parece que es aquí donde se ha escondido.

Roberto sabe que no debe desviarse de su misión, pero lo tiene tan cerca que no puede resistirse, se acerca disimuladamente mirando al suelo, sin embargo, el Culebra ve su cara, le reconoce a pesar de que no lleva el uniforme de policía y escapa corriendo a toda prisa por la calle.

– ¡Alto! ¡Policía! – el inspector grita al tiempo que corre.

Roberto tiene una buena condición física, pero parece que el delincuente al que persigue también es un buen corredor, entran por una estrecha calle a toda velocidad, el Culebra salta una pequeña valla ágilmente, Roberto le sigue sin darse cuenta de que su teléfono móvil se le cae del **bolsillo**[10].

Del jardín pasan a una calle más grande, poco a poco el agente de policía gana terreno, 5 metros más y lo atrapa. La gente que está en la calle mira la carrera como un espectáculo, pero nadie intenta detener al delincuente. Pasan por una oscura plaza donde hay varios grupos de jóvenes que se ríen al ver la situación.

– ¡Policía! ¡Alto!

Nadie hace nada. El Culebra gira noventa grados apoyando su mano en una farola, avanza unos metros y vuelve a girar con la ayuda de un semáforo, de nuevo entra en la calle donde ha empezado la persecución. El delincuente corre a toda velocidad hacia su furgoneta, puede sentir poco a poco como el inspector se acerca a su espalda.

Roberto duda si sacar la pistola o no, si lo hace puede terminar con la persecución con un buen disparo en la pierna, pero también puede terminar trágicamente si el disparo resulta mortal. Ya casi lo tiene a su alcance, sólo 3 metros más, decide no sacar la pistola, está seguro de que va a atrapar a ese delincuente que ya parece agotado.

El Culebra entra por una puerta de madera que está abierta, es un edificio viejo, Roberto le sigue. Bajan unas escaleras que conducen al sótano, la única iluminación que hay son las luces de emergencia naranjas. Entran en una sala oscura, dentro están los contadores de agua y la **caldera**[11] del edificio, el agente está muy cerca de atrapar a su presa, al final de la sala hay una pared, las opciones de escapar son cada vez menos para el Culebra.

– Ya está, se ha terminado el juego, manos a la cabeza y rodillas

---

[10] Especie de bolsa pequeña que está en la ropa y se utiliza para guardar pequeños objetos. EN: pocket

[11] Aparato donde se calienta el agua. Funciona con gas. EN: boiler

al suelo. – El inspector ahora sí grita enfadado y saca su pistola.

El Culebra no tiene escapatoria, aun así, realiza un último intento
desesperado de huir, aprovecha su agilidad para meterse entre
la caldera y la pared por un hueco de apenas cuarenta centímetros.
Roberto se acerca con cuidado sin soltar su arma cuando
el delincuente sale rápidamente por el otro lado de la caldera, corre
hacia la salida, escapa de la habitación y cierra la puerta.

Se oye el "clic" de un candado. El detective no puede salir de la
oscura habitación, escucha como el Culebra sube las escaleras y sale
del edificio.

El candado es un
mecanismo que se utiliza
para cerrar puertas.

⏱ 01:57

Encerrado[12], Roberto no se lo puede creer, golpea la puerta varias veces con las manos y el pie, busca su teléfono en todos los bolsillos, no está.

– ¡Aaaaaaaaaaagggggggghhhhhh! – Grita con rabia.

La habitación es oscura, sólo tiene una pequeña luz naranja arriba de la puerta, se pregunta cómo ha terminado en esa situación, atrapado en un sótano, no tiene forma de comunicarse con el exterior, golpea la puerta con más fuerza.

⏱ 02:35

Está sudando, en la última media hora ha intentado abrir la puerta metálica de mil formas diferentes: ha gritado con todas sus fuerzas, ha golpeado tuberías y techo sin respuesta. Tiene su pistola USP Compact de 9mm con 12 **balas**[13], empieza a pensar en utilizarla para abrir la puerta, lo ha visto en las películas, pero sabe que en la práctica es algo inútil, el candado está al otro lado y es casi imposible romperlo de un disparo sin saber con exactitud dónde se encuentra.

Examina la sala de nuevo, todos y cada uno de los rincones de la oscura habitación; las paredes son de ladrillo, el suelo está lleno de polvo, hay un fuerte olor a humedad, no hay ventanas y las tuberías desaparecen en algún lugar del techo al que no puede llegar. Busca un

---

[12] Persona que está en un lugar y no puede salir. EN: locked

[13] Munición que disparan las armas de fuego. EN: bullet

detector de humos pero no lo encuentra, da una **patada**[14] tras otra a la puerta con todas sus fuerzas, finalmente se rinde y se sienta en el suelo agotado.

⏱ 03:12

Atrapado en el sótano de aquel viejo edificio Roberto siente como el tiempo pasa horriblemente lento. Desde pequeño odia las cucarachas y en la última hora ha visto más que en toda su vida. Piensa en el Culebra, en Natasha y en el rumano de la discoteca, recuerda todas las conversaciones que ha tenido esa noche.

Estar encerrado es algo inhumano, imagina como debe sufrir el "Mimi" en estos momentos, igual que él, prisionero en una habitación sin saber nada del mundo exterior, pensando en las personas que están fuera.

Hace mucho tiempo que no ha estado tanto tiempo sentado y sin hacer nada, utilizando la cabeza sólo para pensar, el trabajo y la tecnología han colapsado su cerebro en los últimos meses. Recuerda a su familia y amigos a los que no escribe ni llama desde hace tiempo, piensa en buenos momentos que ha pasado en el pueblo de sus abuelos, por un momento consigue relajarse y sus ojos se cierran solos.

Tarda menos de un minuto en abrirlos, está en el suelo con la espalda apoyada en la pared, tiene la puerta enfrente suyo a unos 3 metros, saca la pistola y apunta, se concentra y respira profundamente, hace calor, mucho calor. Cuenta hacia atrás:

– Tres… dos… uno… – Respira una vez más.

---

[14] Golpe que una persona da con el pie. EN: kick

– ¡Bang! ¡Bang! – El sonido de los disparos hace eco en toda la sala, las balas atraviesan la puerta metálica.

Roberto se levanta, da una patada a la puerta con toda su energía, sin embargo, esta no se mueve ni un centímetro. Vuelve a apuntar con la pistola, esta vez de mucho más cerca.

– ¡Bang!... ¡Bang!... ¡Bang!...

Golpea la puerta con rabia, no consigue abrirla.

– ¡Bang! ¡Bang! ¡Bang! ¡Bang! ¡Bang! ¡Bang! ¡Bang!

La puerta recibe empujones, patadas y **puñetazos**[15] durante dos intensos minutos, sigue sin abrirse.

Roberto vuelve a sentarse en el suelo, mira a la caldera y piensa que va a morir de calor en ese horrible sótano.

– ¡Calor! ¡Eso es! – Una idea pasa por su mente, una forma de atraer a los vecinos hasta la caldera, piensa en las noches que no ha podido dormir debido al clima caluroso de Alicante.

Se levanta de un salto, busca los controles de la caldera, los encuentra en seguida, enciende la maquinaria a máxima potencia, abre todas las llaves de paso de las tuberías y escucha como el calor sube rápidamente hacia el edificio. Sabe que si los vecinos se dan cuenta de que tienen la calefacción encendida van a bajar a apagarla, sólo tiene que esperar.

---

[15] Golpe fuerte dado con el puño. EN: punch

Ha pasado un poco más de media hora cuando escucha pasos al otro lado de la puerta, alguien abre el candado con una llave y Roberto vuelve a ver la luz. Un hombre de unos 70 años con pijama y cara de sueño está inmóvil bajo la luz naranja, paralizado, sorprendido.

– Soy agente de policía, me han encerrado en su sótano, ya puede usted apagar la calefacción. – La voz de Roberto suena un poco agresiva, pero no está de buen humor y no intenta remediarlo

El inspector sube las escaleras mientras el hombre del pijama no sabe cómo reaccionar ante la situación que está viviendo.

Ya en la calle vuelve sobre sus pasos, pasa por la plaza, ahora está totalmente desierta, ni rastro de los grupos de jóvenes. Roberto salta otra vez la valla del jardín y allí en el suelo lo encuentra, su teléfono móvil. Tiene dos llamadas perdidas de la comisaría, seguro que es Cristina con información interesante, piensa en llamarla, pero no lo hace, antes quiere terminar lo que ha ido a hacer a San Gabriel, buscar al primo del "Mimi".

Daniel vive en un bloque de los años ochenta, la mayoría de estos edificios tienen la misma distribución, Roberto los conoce bien, una vivienda a cada lado de una escalera en mal estado que parece no terminar nunca. Encuentra el portal abierto, entra y comprueba el **buzón**[16], la casa está en el último piso.

– ¡Mierda!

Empieza a subir las escaleras, sabe que la primera reacción de la gente es muy importante por eso quiere ver la cara de Daniel al preguntarle por su primo.

---

[16] Caja donde los carteros depositan las cartas. EN: mailbox

Subir seis pisos después de haber estado encerrado en un sótano es como correr una maratón de resaca, piensa.

Llega a la meta, la última planta del edificio. En el suelo delante de la puerta hay varias cartas que parecen indicar que nadie ha entrado en la casa en los últimos días. Llama al timbre… No hay respuesta, vuelve a llamar… Nada.

Roberto coge las cartas del suelo, parece que Daniel vive de alquiler porque en ninguna de ellas pone su nombre. Hay varios panfletos de publicidad, un par de cartas del banco Santander y alguna factura de internet, nada interesante.

El inspector se siente frustrado, piensa que este no es su día de suerte. Cuando las cosas van mal sólo hay una persona en el mundo que puede ayudarle. Baja las escaleras, vuelve al coche y arranca el motor.

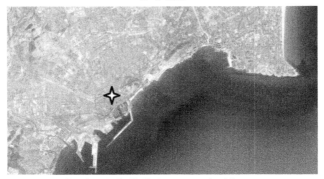

Comisaría de Policía, centro de Alicante

– ¡Dios mío! ¿Qué ha pasado? Parece que vuelves de la guerra. – Cristina se levanta al ver a su compañero entrar en la vieja comisaría de policía.

– He tenido una noche interesante, si te lo cuento no me vas a creer. ¿Está el capitán Ramos?

– Sí, en su despacho. ¿Necesitas algo, cielo?

– Un café solo, por favor. – El inspector contesta al tiempo que entra en la oficina del capitán.

Manuel Ramos está ordenando una montaña de papeles, parece relajado, tiene una copa de whisky en la mesa y la radio encendida.

– Por fin has llegado Roberto, ¿tenemos noticias nuevas del caso? – El capitán se acerca a la ventana y enciende un cigarrillo.

– No señor, todavía no tengo nada claro. Quiero saber más de Natasha, voy a ir ahora a...

El capitán Ramos interrumpe a Roberto como de costumbre.

– Yo lo veo muy sencillo, la señorita Petrova pertenece a alguna mafia rusa, rumana o yo que sé de dónde. Secuestran al chico con

32

el que se va a casar y que casi no conoce. ¡Ohh que tragedia! – La voz del capitán suena sarcástica. –Casualmente el futuro marido de la pobre Natasha tiene mucho dinero y es más tonto que un burro. Ella paga el rescate con el dinero del Mimi y todos felices, luego no sé cómo lo va a hacer, pero seguro que no hay boda. Es la típica viuda negra.

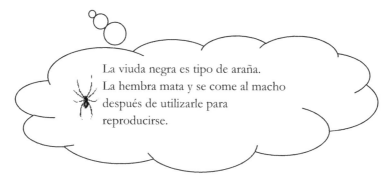

La viuda negra es tipo de araña. La hembra mata y se come al macho después de utilizarle para reproducirse.

El capitán habla muy seguro de sus palabras, parece el mismísimo Sherlock Holmes resolviendo un caso.

Se abre la puerta y entra Cristina con un café y unos papeles en la mano.

– Aquí tienes, guapo, tu droga líquida. Todavía no tengo nada sobre la discoteca, pero he conseguido la anterior dirección de Natasha Petrova, en las afueras, en San Vicente.

– Muchas gracias, voy inmediatamente para allí. ¡El tiempo es oro! – Roberto se bebe el café de un trago, se despide de sus compañeros apresuradamente y sale casi corriendo por la puerta.

Baja las escaleras de la comisaría a toda prisa y se dirige hacia el coche, puede ver como unos estudiantes Erasmus totalmente borrachos intentan volver a casa caminando sin equilibrio alguno. Roberto ya casi no recuerda sus fiestas de la universidad, ha pasado mucho tiempo desde entonces y ha perdido el contacto con sus compañeros de estudios.

Entra en el coche, vuelve a leer la dirección que le ha escrito Cristina en el papel y la introduce en su GPS, ocho kilómetros dirección norte, no más de 15 minutos.

Conduce tranquilo, no hay mucho tráfico ni gente andando por la calle, la soledad de la noche puede ser algo increíblemente placentero y hasta relajante en su profesión.

Está a mitad camino de su destino cuando, de repente, escucha un aviso por la radio de la policía.

– ¿Inspector Sánchez? ¿Me escucha?

– Sí, aquí Roberto Sánchez. ¿Qué pasa?

– Soy el agente Ramírez, estoy de guardia delante de la casa de Miguel Fernández, el "Mimi". Hace diez minutos ha entrado un BMW negro en la villa, un hombre rubio, alto y fuerte ha salido del coche, ha abrazado a Natasha y ambos han entrado en la casa.

– Muy bien, espera en el coche y si pasa cualquier cosa me llamas. ¿Algo más?

– El hombre parece del norte de Europa, no sé de qué país, pero seguro que no es español. He hecho una foto y la he enviado a la comisaría para su identificación, por desgracia no he podido ver la matrícula del coche.

– Buen trabajo, Ramírez. Estamos en contacto.

El sonido de la radio se corta, ya está llegando a su destino.

🕐 04:55

San Vicente del Raspeig

San Vicente del Raspeig está en la zona norte de la capital, esta mini ciudad tiene mucha vida de octubre a mayo gracias a los estudiantes de la Universidad de Alicante. Un gran outlet de ropa y las tradicionales fábricas de muebles, hoy en día en peligro de extinción por la construcción de un nuevo Ikea, completan el paisaje de un municipio que parece un barrio más de Alicante.

Aparca el coche enfrente del edificio que marca su GPS, mira extrañado por la ventana, no es un bloque de apartamentos, tampoco se trata de una casa. Sale del coche y observa la construcción que tiene ante sus ojos, parece más bien una fábrica vieja abandonada, sin embargo, hay luz en el interior.

Roberto abre una pequeña puerta metálica que le permite entrar al patio, horriblemente descuidado y lleno de basura, se acerca cuidadosamente a la puerta de entrada, la encuentra abierta, parece que no ha sido cerrada en años. Dentro del edificio hay un viejo pasillo con salas a ambos lados, el inspector camina lentamente entre botellas de cristal. No hay puertas en ninguna de las habitaciones, puede ver gente durmiendo en sacos de dormir y colchones en el suelo.

Se escuchan voces en la parte superior del edificio, sube las escaleras, hay varios grupos de personas sentadas en el suelo en alfombras viejas, el lugar parece un club social de gente que vive en la calle. El inspector se alegra de no llevar el uniforme pues reconoce a varios de los africanos que venden discos de música pirata por el centro de la ciudad y que no dudan en correr cuando ven a la policía. En la gran sala también hay gente del norte de Europa y un grupo de gitanos con una guitarra, nadie se extraña al ver entrar al recién llegado, parece que están acostumbrados a las caras nuevas.

Roberto se acerca a un sofá antiguo, hay tres hombres y una mujer compartiendo un cartón de vino barato.

– Buenas noches, ¿alguno de vosotros conoce a Natasha Petrova?

La mujer es la que responde, tiene unos 40 años, aspecto descuidado y parece estar un poco borracha. – ¿Quién lo pregunta?

– Soy un amigo suyo. – Roberto está seguro de que es mejor mantener en secreto su identidad de policía.

– ¿Un amigo suyo? Hmmm... ¿Su nuevo novio quizás? – Los cuatro allí sentados le inspeccionan de arriba abajo con la mirada, parece que tienen mucha curiosidad.

El inspector piensa por unos segundos y responde con decisión.

– Sí, soy su novio, nos vamos a casar en unas semanas. – Roberto rápidamente inventa una historia, un enamorado que busca a su novia parece algo creíble. – Nos hemos peleado y ella se ha ido de casa. ¿Sabéis dónde está Natasha?

Es la mujer quien toma la palabra al tiempo que se levanta con el cartón de vino en la mano.

– ¡Así que este es el pez gordo que ha pescado la rusa!

Bebe un trago de vino y sonríe, toca la camisa de Roberto como comprobando el material del que está hecha, el olor de su **aliento**[17] es tan fuerte que el inspector tiene que hacer un esfuerzo para no vomitar. La mujer levanta la voz y casi gritando se dirige a todos los que están en la sala.

– ¡Aquí tenemos al millonario que ha pillado Natasha!

Todos los presentes se giran para ver al supuesto novio, se escucha como la multitud habla en voz baja, murmullos y risas. Roberto se pone nervioso, no sabe cómo va a terminar la situación, se dirige a la borracha en un tono más agresivo.

– Bueno, ¿vas a decirme dónde puedo encontrar a Natasha o voy a tener que llamar a la policía? Seguro que van a comprobar si vivir aquí es legal o no.

– Tranquilo, tranquilo, Bill Gates... Tu chica no es una princesa de palacio, ha vivido aquí casi toda su vida, seguro que está bien, ella puede cuidarse sola. Si no sabes dónde está es porque ella no quiere. ¿Has hablado con Vasili Zaitsev?

– ¿Vasili Zaitsev?

La sonrisa en la cara de la mujer se vuelve más demoniaca. Sin dejar de beber vino, responde.

– Que interesante, vas a casarte con Natasha y no sabes quién es Vasili, su novio de toda la vida.

– ¿Cómo? ¿Novio? – Roberto intenta parecer lo más sorprendido que puede. – ¿Dónde vive?

– Antes aquí en un colchón en el suelo, al igual que tu futura mujer,

---

[17] Aire que se expulsa por la boca al respirar. EN: breath

pero ahora ya no. Sólo sé que trabaja de portero en las discotecas del puerto, tiene un tatuaje de un dragón en el cuello.

Roberto se da la vuelta y sin decir palabra alguna se dirige hacia su coche, sabe muy bien dónde buscar a Vasili. Escucha como la mujer borracha le grita desde lo lejos.

– ¿No me vas a dar ni un euro por la información? ¡Al menos un cigarro!…. Pfff estos ricos de palacio…

☽ 05:47

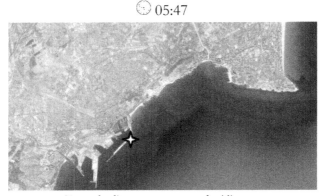

Zona de discotecas, puerto de Alicante

Ha llegado justo a tiempo, según dice la ley, todas las discotecas de la zona centro tienen que cerrar sus puertas a las seis. Con un poco de suerte, Roberto espera ver a Vasili a la salida del trabajo. Aparca a pocos metros del club "Mermelada", espera dentro del coche pues desde su posición puede ver perfectamente la salida principal de la discoteca sin ser visto, no quiere llamar la atención.

A las seis de la madrugada, puntual como un reloj suizo, sale por la puerta Vasili acompañado del gorila con el tatuaje estilo Mike Tyson en la cara, los dos caminan unos metros en la dirección del coche de Roberto, se despiden con un fuerte apretón de manos y Vasili sube a un Peugeot 206 azul, el otro portero camina hacia la zona del puerto donde están los barcos de alquiler.

Los dos coches arrancan los motores al mismo tiempo, Vasili es el primero en salir del aparcamiento seguido de cerca por Roberto, cruzan el centro de la ciudad, pasan por el barrio de Benalúa y atraviesan una solitaria avenida de unos 2 kilómetros en dirección sur. El inspector conduce más lento de lo normal, a esta hora las calles están casi desiertas y no quiere ser descubierto.

Finalmente, Vasili aparca el coche, sale con una mochila y entra en un edificio rojo, Roberto lee el **letrero**[18] que hay encima de la puerta: "Gimnasio Sparta".

🕐 06:20

Roberto espera dentro del coche, piensa en entrar y tener una conversación con Vasili, sin embargo, se siente agotado después de toda la noche sin dormir.

¡¡Ring Ring!! Suena el teléfono, como de costumbre la llamada es de la comisaría.

– Hola guapetón, ¿dónde estás? – La dulce voz de Cristina le entra por el oído como un rayo de energía.

– Estoy en la puerta del gimnasio donde casualmente entrenan el "Mimi" y el antiguo novio de Natasha, un tal Vasili, que además trabaja en la discoteca Mermelada, demasiadas casualidades juntas, ¿no crees? – A pesar de que Roberto con todas sus fuerzas intenta disimular, su voz suena cansada y apagada.

– Creo que necesitas un descanso, príncipe. Tengo algo de información para ti, pero sólo te la doy si te vienes conmigo

---

[18] Letras grandes y visibles que se colocan en la calle para anunciar un negocio. EN: signboard

a desayunar.

– ¿No puedes decírmelo por teléfono? Estamos investigando un secuestro y el tiempo es oro, Cristina.

– Escucha súper–poli, no vas a encontrar a ningún secuestrador si te quedas dormido en la calle, yo acabo de salir del trabajo y estoy hambrienta, así que te invito a un buen desayuno en el bar "Fina", tienes 10 minutos.

 Cristina cuelga el teléfono sin dejar a su compañero contestar, está segura de que Roberto va a acudir a la cita.

EJERCICIOS

1. El Culebra .... (encerrar) al inspector.
a) he encerrado   b) ha encerrado   c) has encerrado

2. Manuel .... (pensar) que Natasha es la culpable.
a) piensa   b) pienso   c) he pensado

3. Un BMW .... (entrar) en la villa del Mimi.
a) he entrado   b) ha entrado   c) entro

4. Roberto Sánchez .... (desayunar) con Cristina.
a) he desayunado   b) desayuno   c) va a desayunar

5. El Culebra tiene una ....
a) furgoneta   b) tatuaje   c) puerta

6. Cristina .... invitar a Roberto a desayunar.
a) quiero   b) quiere   c) quieres

7. El Culebra cierra la puerta con un ....
a) bala   b) candado   c) bolsillo

8. El inspector .... escapar del sótano.
a) consigue   b) persigue   c) insiste

Soluciones: 1 – b, 2 – a, 3 – b, 4 – c, 5 – a, 6 – b, 7 – b . 8 – a

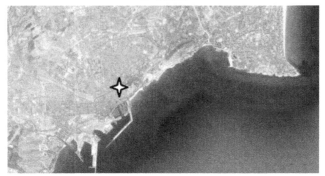

Bar Fina, centro de Alicante

Como siempre, el inspector llega a tiempo, entra por la puerta del bar y allí está ella, sentada con una sonrisa de oreja a oreja que parece decir que no ha estado toda la noche trabajando.

El bar Fina parece tan tranquilo como siempre, por su ubicación cercana a la comisaría es frecuentado por policías y funcionarios públicos. El camarero saluda al inspector que acaba de entrar con un ligero movimiento de cabeza. En la mesa hay dos cafés recién hechos en los que todavía se puede ver el humo saliendo de las tazas.

Cristina toma la palabra.

– ¿Tostada o croissant?

– Pues la verdad no tengo hambre… – Roberto se sienta e intenta no parecer agotado.

– Demasiado tarde bombón, ya te he pedido una tostada con aceite tomate y queso.

– Bueno… gracias. Y… ¿qué información tienes para mí? ¿Sabemos ya quién es el hombre que ha ido a visitar a Natasha?

Cristina niega con la cabeza.

– Todavía no tengo nada, he comparado su foto con nuestra base de datos, así como con la de la Guardia Civil y la Policía Local, por desgracia, no he encontrado coincidencias, he enviado la imagen a las principales comisarías europeas, vamos a tener que esperar un poco.

– ¿Entonces qué información tienes para mí?

– Es sobre Andrei Antonescu, el dueño de la discoteca Mermelada, al parecer en los últimos años tres inspectores diferentes le han investigado, siempre por tráfico de drogas, sin embargo, las tres veces han cerrado la investigación por falta de pruebas o de **testigos**[19].

El camarero llega con dos tostadas, un plato con servilletas y una aceitera.

Cristina continúa con su historia.

– Esta misma semana, Quique García, un presentador de la televisión pública, ha presentado una denuncia por chantaje contra Andrei Antonescu en la comisaría de Elche, lo curioso es que pocas horas después, la ha retirado.

Roberto piensa mientras devora su tostada, al parecer efectivamente tiene mucha hambre, Cristina sabe mejor que él lo que necesita. Con la boca llena de pan, pregunta.

– ¿Quique García? No me suena, ¿en qué programa sale?

Cristina se acerca a Roberto, sus ojos se iluminan y contesta emocionada.

– ¡Y ahora es cuando viene lo bueno de la historia! Quique García es el presentador de "Mujeres, hombres y amor". El mismo programa en el que ha participado varias veces nuestro amigo desaparecido

---

[19] Personas que han visto un hecho o saben alguna cosa y declaran en un juicio. EN: witnesses

Miguel Fernández, el "Mimi".

El inspector empieza a unir historias en su cabeza, estrellas de la televisión, drogas, chantajes, amenazas y una desaparición. Todo parece empezar a tener sentido.

– ¿Tienes la dirección de Quique? Quiero hablar con él inmediatamente.

– Cariño, ¿cuándo no te he conseguido yo una dirección de alguien? – Cristina sonríe y saca un papel del bolsillo. – Vive en Elche, en un ático junto al palmeral, en el centro de la ciudad. Pero si quieres este papelito con su dirección vas a tener que terminarte el desayuno y relajarte cinco minutos, últimamente te veo muy estresado, cielo.

El joven inspector acepta protestando la oferta de su compañera, no obstante, entre risas y bromas el tiempo vuela, los 5 minutos se convierten en 20. Esa mujer es lo más parecido a un ángel que existe en la Tierra, gracias a ella Roberto finalmente disfruta de un breve instante de desconexión del trabajo.

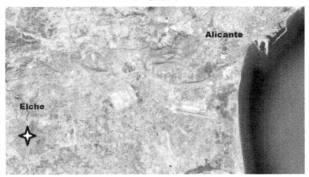

Centro de Elche.

La ciudad de las palmeras, así es como la recuerda Roberto, sólo ha estado allí una vez por trabajo, pero todavía recuerda su asombro al contemplar el inmenso palmeral que parece no tener fin. Tarda poco más de veinte minutos en llegar por la autopista que une los dos **municipios**[20]. En la carretera poco a poco se aprecia más movimiento de coches y camiones, el día comienza para los trabajadores de fábricas y oficinas, sin embargo, el joven inspector no recuerda cuándo empiezan y cuándo terminan sus días.

El GPS le guía sin problemas hasta el edificio donde vive el presentador, encuentra aparcamiento en la misma puerta. Al contrario que Alicante, Elche es una ciudad tranquila que aún conserva un cierto estilo rural con sus jardines y parques que inundan las calles de color verde.

Es pronto, quizás demasiado para visitar a alguien. El sol apenas ha salido, es por ello que el inspector duda un par de veces si tocar el timbre o no. Finalmente, recuerda su misión: encontrar al "Mimí" en menos de veinticuatro horas. Sabe que tiene que hacerlo, el tiempo corre en su contra y la vida de una persona está en peligro. Toca

---

[20] División administrativa territorial gestionada por un ayuntamiento, por ejemplo, un pueblo o una ciudad. EN: town

el timbre con energía.

Una débil voz contesta.

– ¿Hola…?

– Buenos días, ¿Quique García?

– Sí, ¿qué pasa?

– Soy Roberto Sánchez, inspector de la policía de Alicante, siento mucho venir tan pronto, pero es algo realmente importante, ¿podemos hablar un momento?

– ¿Policía? Bueno… – la puerta se abre. – Es el último piso, el ascensor no funciona, lo siento.

El inspector sube al ático mientras repasa mentalmente lo que quiere preguntar, seis pisos por las escaleras le dan mucho tiempo para pensar. Al llegar al último piso puede ver abierta la única puerta que hay. Sin duda, aquella casa es un palacio en el mismísimo centro de la ciudad, unos grandes ventanales ofrecen estupendas vistas del palmeral y la decoración minimalista hace parecer aún más amplio el inmenso salón. Quique García se encuentra en la cocina con pijama y albornoz, llena una cafetera con agua.

– Buenos días agente, ¿café?

– Sí, por favor.

– ¿Con leche?

– No, café solo, sin azúcar.

Quique tiene unos 35 años, es un hombre alto y atractivo, su barba perfectamente afeitada y sus cejas depiladas dan a entender su preocupación por la imagen personal. Prepara dos cafés al tiempo que pregunta.

– Y… ¿puedo saber por qué viene la policía a visitarme a estas horas de la mañana?

– Andrei Antonescu, ¿qué puedes decirme de él?

La cara del presentador se congela por un instante, parece un hombre seguro de sí mismo y preparado para cada situación, sin embargo, al escuchar el nombre del rumano sus esquemas se rompen, se toma unos segundos para responder.

– Andrei Antonescu… Si estás aquí es porque sabes que he tenido problemas con él.

– Efectivamente.

– Pues no sé qué decir. – El presentador se encoge de hombros al tiempo que habla. – Seguro que en la policía le conocéis mejor que yo, es un mafioso y un chantajista. Me ha amenazado con manchar mi imagen pública y destruir mi carrera en la televisión. Dice que tiene fotos mías comprometedoras en la zona VIP de su discoteca.

El inspector saca la libreta y toma la palabra.

– Tranquilo, no voy a interrogarte sobre que has hecho o que has dejado de hacer. En realidad, estoy aquí porque Miguel Fernández, el "Mimi", ha desaparecido, sospechamos que Andrei tiene algo que ver.

Los ojos de Quique se abren al escuchar la noticia.

– "El Mimi", hmmm… interesante, puede haber sido una **venganza**[21]. Si no recuerdo mal ellos también han tenido problemas en el pasado, bueno la verdad es que Andrei Antonescu ha terminado mal con todo el mundo que ha pasado por su vida.

Roberto bebe su café de un trago y continúa con el interrogatorio.

– ¿Conoces a Natasha? La novia de Miguel.

– En persona no la conozco, he oído que es muy guapa y que todo ha ido muy rápido, amor a primera vista, ya sabes, se van a casar y todo.

– ¿Y qué puedes decirme de Miguel Fernández el "Mimi"?

– Pues la verdad es que lo conozco desde hace menos de un año, sólo te puedo decir que se preocupa más por sus músculos y su peinado que por su cerebro. Le gusta la fiesta y cuando bebe no tiene límites, en realidad no tiene ningún tipo de control en su vida, creo que tiene el síndrome típico del futbolista joven que gana mucho dinero y lo **malgasta**[22] sin pensar.

– Me has hablado de algún problema entre Miguel y Andrei en el pasado. – El inspector revisa sus notas mientras habla. – ¿Qué tipo de problema?

– Sólo sé que han trabajado juntos y que ahora no se pueden ni ver, he escuchado a ambos hablar mal del otro en varias ocasiones, pero nada realmente importante en realidad….

Roberto escribe todo lo que escucha. Quique piensa durante unos

---

[21] Acción con la que una persona se venga de otra que anteriormente le ha hecho daño. EN: revenge

[22] Utilizar el tiempo o el dinero de forma inadecuada. EN: waste

segundos y finalmente una idea pasa por su cabeza.

– Andrei tiene un **almacén**[23] en el puerto cerca de su discoteca, lo utiliza para guardar equipamiento y maquinaria, pero algo me dice que allí hay algo más.

– Muy bien, muchas gracias por colaborar, voy a comprobar lo de ese almacén y si necesito algo más te llamo.

Los dos se despiden con un apretón de manos y Roberto vuelve al coche.

☼ 08:02

Roberto decide cambiar de ruta para volver a Alicante, esta vez elige la vieja carretera nacional. La línea recta no siempre es la vía más rápida, sobre todo con el tráfico en hora punta. Atraviesa el polígono industrial de Torrellano y el aeropuerto antes de llegar a la capital por la costa. Sabe dónde se dirige, si su instinto es tan bueno como de costumbre le va a llevar directamente al almacén de Andrei Antonescu donde con un poco de suerte va a encontrar alguna pista para solucionar el caso.

La zona de carga del puerto no es un lugar agradable, hay máquinas trabajando a cualquier hora del día. Parece que nadie ha limpiado el **recinto**[24] en sus cientos de años de historia, se respira un fuerte aroma a gasolina de camiones y barcos, el ruido de la maquinaria

---

[23] Local que sirve para guardar productos para su posterior venta, uso o distribución. EN: warehouse

[24] Espacio comprendido dentro de ciertos límites (muros, vallas, etc.) que se utiliza con un fin determinado; generalmente está ocupado por instalaciones o construcciones. EN: enclosure

pesada es casi insoportable, día y noche hay trabajadores descargando mercancías de los barcos a camiones o almacenes. Roberto piensa en lo admirable que es el trabajo de esas personas que pasan ocho horas diarias en tales condiciones para dar de comer a sus familias.

Se dirige directamente a la entrada del recinto, un guardia de seguridad de unos sesenta años está cómodamente sentado en una silla al sol, fumando un cigarrillo y mirando las horas pasar.

– Buenos días, Roberto Sánchez, inspector de la policía, necesito saber si uno de estos almacenes pertenece a Andrei Antonescu.

– Uhhh voy a tener que mirar en el registro. – El guardia parece tener poca motivación para ayudar, el hecho de levantarse, entrar en su caseta y encender el ordenador le supone un esfuerzo increíble.

Roberto no puede soportar a las personas vagas, sobre todo si están trabajando. El tono de voz del policía se vuelve más contundente.

– Es algo realmente importante, y no quiero perder el tiempo. – Con una mirada desafiante, Roberto obliga al perezoso vigilante a levantarse de su silla.

– Vamos a ver que tenemos por aquí… – El guardia enciende un ordenador prehistórico que tarda más de cinco minutos en iniciar Windows.

La desesperación empieza a ser visible en la cara de Roberto.

– ¿A quién buscamos? – Pregunta el vigilante.

– Andrei Antonescu, tiene un almacén en este recinto.

– A ver… – El guardia se pone unas gafas de lectura medio rotas y revisa una lista interminable de nombres en un documento de Excel. – Antonescu… Antonescu… Antonescu… ¡Aquí está! 17 B, en la zona vieja del recinto, todo recto en esa dirección, unos quince minutos andando, mejor ir en coche.

– Muchas gracias.

El vigilante de seguridad vuelve a su cómoda silla de trabajo, con un mando a distancia abre la barrera y Roberto entra al recinto con su coche. Conduce a través de viejos almacenes y montañas de contenedores metálicos.

Llega a su destino, almacén 17 B.

Sale del coche, inspecciona la zona, solitaria, no parece haber nadie, la puerta está cerrada. Se acerca a una de las ventanas y observa el interior, totalmente vacío, no hay ni personas ni máquinas ni muebles. Mira por otra ventana, lo mismo, el almacén es una gran sala rectangular de unos ochocientos metros cuadrados que no tiene nada, ni siquiera hay otras habitaciones como una oficina o un cuarto de baño, absolutamente nada, sólo 4 paredes lisas y una puerta de entrada.

Vuelve al coche, se sienta y mira una vez más hacia el almacén que tiene frente a él. Sus años de experiencia como inspector de la policía le dicen que tiene que haber algún truco, nadie paga los gastos de un almacén tan grande para tenerlo vacío.

Justo cuando piensa en arrancar el motor para irse, una furgoneta se acerca y aparca en la misma puerta del almacén, un hombre sale de ella. ¡No puede ser! Es el Culebra, el mismo delincuente que ha perseguido por la noche. Roberto empieza a sentirse furioso, recuerda el tiempo que ha pasado encerrado en el sótano.

El Culebra abre la parte trasera de la furgoneta y saca una motocicleta, puede ser robada. La puerta del almacén se abre y el delincuente entra empujando la moto.

El inspector espera un minuto y sale del coche, se dirige a la ventana y mira de nuevo al interior del almacén, absolutamente nada, todo vacío. No hay rastro del Culebra o de la moto, ¿cómo es posible? Roberto se pregunta a sí mismo, ¿dónde se han metido? No pueden haber desaparecido, mira por todas las ventanas del almacén y no ve nada más que una gran sala totalmente vacía.

El Culebra ha olvidado cerrar la furgoneta, el policía se sienta en el asiento del conductor y examina el interior, un paquete de cigarrillos y los restos de un menú del Burger King. La parte trasera del vehículo también está abierta, Roberto entra en el gran maletero de la furgoneta, el olor es fuerte, en el suelo hay un pequeño colchón, parece que el Culebra duerme allí, hay una montaña de ropa en un rincón, también una bolsa de deporte con herramientas.

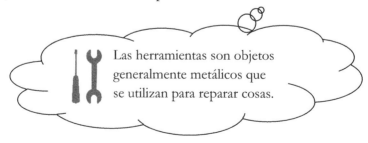

Las herramientas son objetos generalmente metálicos que se utilizan para reparar cosas.

Se escucha un ruido metálico, alguien sale del almacén, unos segundos después la puerta delantera de la furgoneta se abre, el Culebra se sienta y arranca el motor. Roberto está en la parte trasera, durante un instante piensa si salir o esperar escondido, finalmente se sienta en el suelo, quiere ver a donde va a ir el delincuente.

La furgoneta atraviesa la ciudad durante unos 15 minutos, es imposible para Roberto saber dónde está, demasiados giros. El Culebra no sabe que en su vehículo hay un policía escondido, Roberto puede escuchar cómo suena un teléfono.

El Culebra atiende la llamada.

— Sí… Buenas… ¿Qué tal?... Ya he vendido la moto… Pfff doscientos euros, ese rumano es un tacaño… Tengo unos teléfonos que voy a venderle al gitano… — El Culebra habla por teléfono casi gritando, mientras tanto Roberto encuentra una bolsa de plástico, dentro hay un iPhone con funda rosa y dos teléfonos Samsung que sin duda alguna han sido robados.

El vehículo reduce la velocidad hasta que finalmente se detiene, el inspector se prepara tras la puerta, el Culebra baja de la furgoneta y abre el maletero, en ese momento Roberto salta sobre su **presa**[25] desprevenida, rápidamente golpea e inmoviliza al delincuente contra el suelo, una vez tiene las manos en la espalda lo esposa para mayor seguridad.

El policía levanta la cabeza, se encuentra fuera de la ciudad frente a una casa de campo, saca el teléfono y llama a la comisaría.

— Soy el inspector Sánchez, necesito una patrulla en mi ubicación.

---

[25] Persona o animal que resulta cazado o atrapado, especialmente si es con violencia o lucha. EN: prey

Comisaría de Policía, centro de Alicante

Roberto repasa su informe y lo lleva al despacho de su superior.

– Parece que ha sido una noche interesante… – El capitán Manuel Ramos sonríe cuando ve a su compañero entrar por la puerta y continua con su discurso. – Es increíble todo lo que hemos encontrado en esa casa de campo, drogas, teléfonos robados, billetes falsos… y lo más importante de todo, hemos detenido al Culebra y al gitano.

El inspector se siente orgulloso y **halagado**[26] con las palabras de su jefe.

– Bueno, la verdad es que yo…

Sin embargo, su capitán no le deja terminar la frase.

– Sí, ya me puedo imaginar el titular en todos los periódicos de mañana, " Manuel Ramos, el capitán más veterano de la policía, acaba con los robos en Alicante"

---

[26] Satisfecho por unas hermosas palabras hacia él. EN: flattered

Roberto no se cree lo que está escuchando, se ha pasado toda la noche en la calle para resolver el caso mientras que Manuel ni ha salido de su oficina. El inspector vuelve a tomar la palabra.

– Todavía tenemos que encontrar a Miguel Fernández, el "Mimi", creo que podemos empezar por…

El capitán vuelve a interrumpir a su compañero.

– Resolver dos casos en un día, hmmm… – Manuel mira al techo y se imagina con orgullo su foto en todas las portadas de los periódicos. – ¡Hay que detener a la rusa! la Natasha esa. Está claro desde el principio, hay que ir a buscarla e interrogarla, seguro que nos dice que ha hecho su mafia con el "Mimi". Punto y final.

– Muy bien jefe, voy a ver qué puedo hacer…

A Roberto no le convence del todo la versión de su superior, tiene bastantes posibilidades de ser cierta pero no quiere dejar ninguna pista sin explorar.

Sale del despacho de Manuel y se dirige al escritorio dónde normalmente se sienta Cristina, ahora ocupado por Javier, un policía que acaba de salir de la academia y se ha incorporado al servicio. Javier tiene la energía de mil trenes y la motivación de un joven idealista.

– Hola Javi, ¿tenemos algo nuevo?

El joven policía contesta excitado.

– Tengo tantas noticias que no sé por dónde empezar… Tenemos al Culebra listo para el interrogatorio… Y he pedido una orden de registro del almacén de Andrei Antonescu en el puerto, también he conseguido la dirección de los padres de Miguel Fernández el "Mimi"... Y he enviado una patrulla al gimnasio Sparta a buscar al ex novio de la rusa.

Roberto sonríe al ver el entusiasmo y la pasión por el trabajo de su compañero.

– Muy bien, buen trabajo Javi. ¿Tenemos alguna noticia de la casa de Natasha y el "Mimi"?

– No, todavía no. El agente Ramírez no ha informado, ahora mismo le llamo señor… – El joven policía habla rápido, casi no respira entre palabra y palabra. – Pero… pero… pero creo que el hombre rubio que ha entrado esta noche en la casa para ver a Natasha todavía sigue allí.

– ¿Y sabemos ya quién es?

– Aún no, sólo sé que en las comisarías de Francia, Alemania e Italia no saben nada de él.

– Gracias Javi, voy a ver qué me dice la rata que tenemos encerrada.

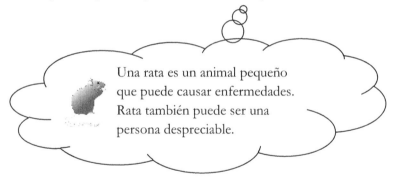

Una rata es un animal pequeño que puede causar enfermedades. Rata también puede ser una persona despreciable.

Roberto se dirige con confianza a la sala de interrogatorios, le tranquiliza saber que el Culebra va a pasar un buen tiempo en prisión. Abre la puerta de seguridad, dentro espera el delincuente sentado en una silla metálica, Roberto toma posición enfrente de él.

– Buenos días, me alegro de verte, por fin sentados, podemos hablar tranquilamente… – El policía bromea y deja unos papeles en la mesa. – Por ejemplo… Sobre la moto que has dejado en el misterioso almacén vacío del puerto.

El Culebra contesta con la cabeza baja, mirando a los papeles que hay encima de la mesa.

– ¿Qué moto? Yo no sé nada de ninguna moto.

El policía adopta un tono más serio.

– Te he visto con mis propios ojos, ahora mismo estamos tramitando una orden de registro, así que en unas horas vamos a inspeccionar ese almacén por completo, ¿ves esto que tengo aquí? – Roberto coge los papeles y los pone en la cara del delincuente. – Es mi informe sobre ti, si ahora nos ayudas yo voy a escribir solamente algo medio malo de ti, a lo mejor incluso me olvido de que me has encerrado en un sótano toda la noche, lo cual puede ser considerado intento de homicidio.

El Culebra piensa unos segundos y responde.

– Yo solamente vendo cosas…

– Que previamente has robado. – Añade Roberto.

– Bueno, sí… Andrei me pide productos que puede llevar a otros países y venderlos, no sé cómo lo hace, creo que tiene un barco en el puerto.

El policía escucha atentamente, pero quiere tener una confirmación.

– ¿Entonces Andrei Antonescu trafica con productos robados?

– Sí, así es.

– ¿Qué cosas te ha pedido en el último mes?

– Motos, bicis, relojes…

– ¿Conoces a Miguel Fernández el "Mimi"?

– No he oído ese nombre en mi vida.

La respuesta convence a Roberto, piensa que el delincuente ha sido sincero, de momento tiene lo que necesita. Recoge sus papeles y sale de la sala de interrogatorios casi corriendo.

– ¡Necesito una orden de detención contra Andrei Antonescu!

☾ 10:45

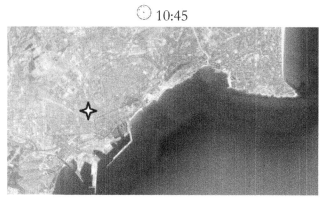

Casa de los padres de Miguel, barrio de San Blas

Llega sin problemas a la dirección que su compañero Javier le ha dado, ¿por qué la futura mujer de Miguel no conoce a sus padres si viven en la misma ciudad? Esa y muchas más preguntas pasan por su cabeza.

Roberto se encuentra frente a un edificio típico de los años 80, balcones estrechos y largos, ventanas de cristal fino y… escaleras, muchas escaleras. El inspector comprueba el timbre y efectivamente los padres del "Mimi", Manuel Fernández y Victoria Otero, viven en el último piso. Llama varias veces, finalmente una voz femenina contesta.

– ¿Sí?

– Buenos días, soy el inspector de la policía Roberto Sánchez, ¿puedo subir un momento?

– Sí… Te abro – La mujer parece sorprendida, se escucha el clásico "Trrrrrrr" eléctrico del sistema de apertura y la puerta se desliza hacia dentro.

Roberto llega al sexto piso sudando, prometiéndose a sí mismo que no va a volver a subir a casas sin ascensor en su vida.

– Hola, ¿qué ha pasado agente? – Una mujer de unos 60 años de aspecto descuidado espera en la puerta.

– Buenos días, vengo a hablar de su hijo Miguel. – Roberto contesta al tiempo que entra en el apartamento.

– Dios mío, seguro que le ha pasado algo. – La mujer se muerde el cuello de la camiseta en señal de nerviosismo.

Entran en el salón donde un hombre se levanta del sofá y saluda al inspector con un apretón de manos.

– Manuel Fernández.

– Buenas, soy Roberto Sánchez, encantado. Usted debe ser el padre de Miguel, ¿no?

– ¡No! – La voz de Manuel tiene un tono agresivo casi violento, su expresión facial muestra que es un hombre de pocos amigos.

– ¡Ay Dios mío! ¿Qué ha pasado agente? – Victoria ha empezado a morderse las pocas uñas que le quedan en los dedos. –

Roberto mira a la pareja de ancianos.

– Creemos que su hijo Miguel ha sido secuestrado.

– ¡Ya te he dicho que no es mi hijo! – Manuel grita mientras sale de la casa y cierra la puerta de un portazo.

La mujer está temblando se acerca al policía y con voz débil pregunta.

– ¿Quién ha sido?

– Todavía no lo sabemos señora, pero lo vamos a descubrir, ¿cómo es su relación con Miguel?

La mujer empieza a llorar, se seca las lágrimas con un pañuelo y contesta.

– Hace años que no le vemos, en persona claro, yo veo todos sus programas en la tele de la habitación mientras mi marido está en el bar.

– ¿Qué pasa entre Miguel y Manuel?

Victoria se sienta y duda un instante, finalmente mira a la puerta, comprueba que sigue cerrada y que su marido no puede escucharla y comienza a hablar.

– Miguel es mi hijo, pero no de Manuel, él no quiere escuchar ni siquiera su nombre, como has podido ver se pone bastante nervioso cuando alguien habla de él. En esta vida he cometido muchos errores, pero el peor de todos ha sido el de elegir antes a mi marido que a mi hijo.

– ¿Sabes si Miguel tiene algún enemigo?

– No, no sé nada de él desde hace años.

La mujer llora cada vez más. Roberto siente que no va a descubrir nada nuevo allí, sino que más bien va a causar dolor.

– Bueno, tengo que irme. Tranquila, si descubro algo, vas a ser la primera en saberlo. – El policía se despide de Victoria mientras se dirige a la puerta.

– Adiós… Gracias agente.

Roberto no se puede quitar de la cabeza la situación que acaba de vivir, conduce de camino a la comisaría e imagina la traumática infancia de Miguel.

¡¡Ring Ring!! Suena el teléfono.

– Aquí el inspector Sánchez.

Una voz acelerada dispara palabras a toda velocidad.

– Soy Javier de la comisaría, el agente Ramírez que está de guardia delante de la casa de Miguel Fernández ha llamado para informar, Natasha acaba de salir de la villa en un coche deportivo.

– ¿El hombre va con ella?

– Sí, van juntos en el mismo coche.

– Muy bien, necesitamos saber a dónde van. Hay que seguir al coche de Natasha, si pasa algo me llamas, ¿entendido?

– Entendido, todo claro. Hasta pronto… ¡Ah! ¡Espera! Casi lo olvido, puedes ir al gimnasio Sparta a hablar con Vasili Zaitsev, está allí esperándote.

– Perfecto, voy para allí.

Gimnasio Sparta, barrio de San Gabriel

En la puerta dos agentes saludan a Roberto, a través de un gran ventanal se puede ver como unas diez personas ejercitan sus músculos en las máquinas del gimnasio, el inspector entra por la puerta principal, en el interior encuentra a Vasili detrás del mostrador de la recepción, lleva una camiseta ajustada de tirantes que deja a la vista el tatuaje de dragón que le cubre casi todo el cuello.

– Buenos días, por fin voy a saber qué pasa aquí y por qué hay dos policías en la puerta del gimnasio. – El gigante de músculos reconoce a Roberto. – Has estado esta noche en Mermelada, ¿no es así?

– Sí, y tengo que decirte que la música que tenéis es pésima. Sólo he venido a hacerte unas preguntas, ¿también trabajas aquí?

– Sí, paso las noches en la discoteca y por las mañanas estoy aquí, los extranjeros también tenemos que pagar el alquiler, agente, ¿es eso un crimen?

Roberto ignora el tono chulesco de Vasili y se centra en lo que realmente necesita, respuestas.

– ¿Qué sabes del almacén que tiene tu jefe Andrei en el puerto de Alicante?

– Nada de nada, nunca he oído hablar de un almacén, pero no me extraña, Andrei tiene muchas cosas.

– ¿Conoces a Miguel Fernández el "Mimi"?

La cara de Vasili cambia por completo al escuchar la pregunta, aprieta los puños y en las venas de su cuello se puede sentir la tensión, tarda más de cinco segundos en responder.

– Sí, sé quién es. ¿Por qué?

El policía continúa con su batería de preguntas.

– Tengo entendido que viene a este gimnasio con frecuencia. ¿Cómo es la relación entre vosotros?

– ¿Cómo piensas que puede ser la relación con alguien que te ha quitado lo único que alguna vez te ha importado? Todo lo que he hecho en esta vida, desde venir a España hasta trabajar día y noche, ha sido para hacer feliz a Natasha, una loca adicta a gastar dinero sin control. Ahora el problema lo tiene el inútil ese.

– ¿Has hablado con Miguel en el último mes?

– No he hablado con él en el último año y no pienso hacerlo nunca. Si quieres saber algo de su vida busca a Max, el otro portero de Mermelada, el del tatuaje en la cara estilo Mike Tyson, él sí que conoce a Miguel.

– ¿Dónde puedo encontrar a Max?

Vasili aparta la cortina de una pequeña ventana y señala con el dedo en dirección a la calle.

– Ahí, esa es su casa, el edificio amarillo, tercer piso.

El inspector se despide, cruza la calle y llega hasta la puerta de la casa de Max, toca el timbre varias veces, pero no obtiene respuesta alguna.

Roberto conduce en dirección al puerto, en ocasiones esto le ayuda a pensar, por su cabeza pasan todas las personas que ha conocido en las últimas horas.

Intenta unir todas las historias y encontrar soluciones: una extranjera hermosa viene a España, conoce a un joven millonario con problemas familiares, deja a su novio de toda la vida por el millonario, la nueva pareja tiene problemas con un mafioso influyente, el ex novio está celoso y trabaja en el gimnasio donde va el millonario…

¡¡Ring Ring!! Suena el teléfono, es de la comisaría.

– ¿No te parece que hoy es un precioso día para atrapar criminales? – La voz de Cristina suena tan dulce como siempre.

– ¿Qué haces ya en el trabajo? ¿Es qué quieres acabar igual de loca que yo?

– He adelantado mi turno, cielo. No puedo dejarte a ti todo el trabajo duro. Y, además, yo también quiero salir en la foto del periódico de mañana, el capitán no para de decir que va a hablar con todos los periodistas de la ciudad.

– Voy en dirección al almacén del puerto, ¿tenemos ya la orden de registro?

– Sí cariño, ya lo he arreglado todo: tres patrullas van para allí, otras dos están ahora mismo llegando a la casa de Andrei Antonescu para detenerle.

A Roberto le encanta como Cristina siempre se adelanta a sus movimientos y organiza todo a la perfección.

– Estupendo, llego en quince minutos, ¿sabemos algo de Natasha?

– Tengo malas noticias, el agente Ramírez ha perdido la pista del coche de Natasha, no tenemos ni idea de a dónde ha ido, sólo sabemos que no ha vuelto a su casa.

– Pfffff. – Roberto se siente decepcionado por la incompetencia de su compañero. – ¿Algo sobre su misterioso acompañante?

– Absolutamente nada, está totalmente limpio, no hay ninguna coincidencia de su foto con las bases de datos europeas.

– Comprueba si las gasolineras cercanas a la casa del "Mimi" tienen cámaras de seguridad, hablamos en un par de horas.

– Sí cielo, pero con una condición: tienes que traerme algo de comida china, he tenido un capricho y no acepto un no por respuesta.

Cristina cuelga el teléfono al tiempo que termina su frase, Roberto sonríe, se siente lleno de energía sabiendo que ella le espera en la oficina.

Almacenes del puerto

Roberto llega puntual, almacén 17 B, no parece haber ninguna actividad en los alrededores, tampoco en el interior, allí no hay ni vehículos ni personas, está totalmente desierto.

Tres coches patrullas llegan a los diez minutos, seis agentes bajan de sus vehículos, un perro acompaña a una de las parejas de policías. Los agentes se dirigen a la puerta, cerrada, se preparan para derribarla, en menos de medio minuto la puerta está abierta.

La sala es grande, al igual que anteriormente, no hay absolutamente nada en el interior, los seis policías entran y comienzan a examinar las ventanas y el suelo, el perro empieza a **olfatear**[27] las paredes.

Al ver que poco puede ayudar en la gran sala vacía, Roberto decide dar la vuelta al edificio y comprobar la parte de atrás. Nada de nada, una pared gigante, sin embargo, en el almacén de al lado sí que hay movimiento, la gran puerta trasera está abierta y se puede ver a un grupo de cinco hombres trabajando. Están cargando un camión con cajas de fruta, el inspector se acerca y pregunta.

---

[27] Oler con atención, especialmente un animal. EN: sniff

– Buenos días. ¿Quién es el responsable? – Roberto habla en voz alta casi gritando, así todos pueden oírle.

Un hombre africano de unos 40 años responde con decisión.

– Yo señor. ¿Quién lo pregunta?

– Soy inspector de la policía y he venido a **curiosear** [28]el almacén de aquí al lado. ¿Conoces a tu vecino? Se llama Andrei Antonescu.

Después de encender un cigarrillo y pensar unos segundos el africano contesta.

– La verdad es que no, nunca viene por aquí, yo creo que ese almacén está vacío, señor.

El hombre apenas ha terminado su frase cuando se escucha un fuerte golpe que hace eco en toda la sala, un sonido de puerta metálica y ladridos de perro, una de las paredes que une el almacén con el de Andrei se abre como por arte de magia, los seis agentes entran pistola en mano gritando.

– ¡Alto! ¡Policía!

Los trabajadores levantan las manos en señal de rendición, el único que intenta escapar es el **capataz** [29]negro, corre hacia la salida, Roberto le bloquea el camino. Con un fuerte golpe en el estómago, el africano derriba al inspector y sale corriendo del almacén.

Tras unos segundos, Roberto se levanta con una mano en la barriga, el estómago le duele muchísimo, parece que va a explotar, sale del almacén por el mismo lugar que el africano, comienza la persecución.

---

[28] Hacer lo necesario para tratar de enterarse de un asunto de otra persona, procurando no ser descubierto. EN: poke around

[29] Persona que tiene por oficio dirigir y vigilar a un grupo de trabajadores. EN: foreman

Corren a través de laberínticos pasillos de contenedores metálicos, el hombre de color intenta perder a su perseguidor girando en zigzag constantemente. Finalmente, Roberto predice el siguiente movimiento del africano y se anticipa, lo atrapa con ambas manos y lo inmoviliza contra el suelo, una vez le ha puesto las esposas, le lleva de vuelta al almacén.

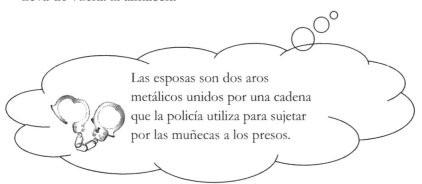

Las esposas son dos aros metálicos unidos por una cadena que la policía utiliza para sujetar por las muñecas a los presos.

El perro olfatea sin descanso, se acerca a una esquina con cajas de fruta y empieza a ladrar, su compañero policía abre una de las cajas.

– Droga… Aquí también tenemos relojes y en esta otra caja billetes falsos, este lugar parece la **cueva** [30]de Ali Baba y los cuarenta ladrones.

---

[30] Cavidad subterránea abierta de forma natural o excavada por un animal o por el hombre. EN: cave

🕐 14:12

Comisaría de Policía, centro de Alicante

Roberto entra con paso firme por la puerta, en el interior de la comisaría se respira ambiente de euforia. Cristina como de costumbre se levanta para saludarle.

– ¿Esa bolsa blanca es lo que me imagino?

– Arroz tres delicias y un rollito de primavera.

– Gracias cielo, estoy hambrienta.

El inspector se dirige a su escritorio, enciende el ordenador y clasifica una montaña de papeles al tiempo que pregunta a su compañera.

– ¿Tenemos a Andrei?

Cristina contesta al tiempo que devora el rollito chino.

– Todavía no, al parecer ha desaparecido. Su mujer y su hija no se han sorprendido demasiado al ver a la policía en casa.

– Hay que interrogar al negro encargado del almacén, seguro que sabe algo de Andrei, comprueba quién es el dueño de ese lugar y si tiene alguna relación con el rumano.

– Enseguida jefazo. – Cristina guiña el ojo en señal de complicidad. – Tengo algo interesante para ti, la grabación de la cámara de seguridad de una gasolinera cercana a la casa del "Mimi", en ella se puede ver un coche negro de características similares al que han utilizado los secuestradores, matrícula 1234 BCD, este es el dueño.

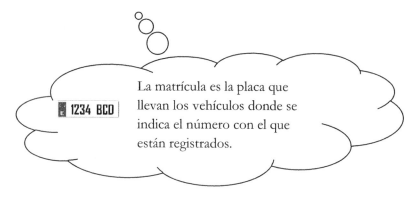

La matrícula es la placa que llevan los vehículos donde se indica el número con el que están registrados.

Cristina muestra a su compañero una imagen en la pantalla del ordenador, en ella se puede ver el carné de conducir del sospechoso que Roberto identifica al instante por el tatuaje que lleva en la cara.

– ¡Max el gorila!

🕐 15:08

– ¡Inspector Sánchez! ¡A mi despacho! – El capitán grita de modo que toda la comisaría puede oírle.

Roberto se levanta, de camino a la oficina de su jefe puede sentir como es el centro de todas las miradas, sus compañeros saben que cuando Manuel grita así es porque está enfadado. El camino hacia el despacho se hace eterno, Roberto se siente como un preso en el corredor de la muerte, andando hacia la silla eléctrica ante la atenta mirada de familiares y amigos.

– ¿Qué pasa capitán? – El inspector entra en el despacho de su jefe y cierra la puerta.

Manuel enciende la televisión.

– Puedes mirarlo tú mismo.

– ¡No puede ser! – Roberto no es capaz de creerse lo que está viendo. Es uno de los típicos programas del corazón, el presentador Quique García entrevista a Natasha, ella muestra una foto de su futuro marido, dice que ha sido secuestrado y que necesita la ayuda de los espectadores para salvarle, asegura que los secuestradores han llamado por teléfono y han dicho que van a matar a su novio si ella habla con la policía.

– ¡Más burra no puede ser la niña! – Manuel no oculta su rabia. – Nosotros aquí trabajando sin descanso para ayudar al tonto de su novio, y ella recibe una llamada de los secuestradores y se va… ¡A la tele a contarlo!

Durante más de veinte minutos Roberto no aparta la vista de la televisión, cuando llegan los anuncios sale del despacho de su jefe sin decir palabra alguna y se sienta en su escritorio.

Cristina acerca su silla.

– Lo hemos visto aquí también, es increíble cómo pueden aprovechar cualquier situación para hacer un espectáculo.

Roberto escucha las palabras de su compañera, todavía no es capaz de digerir lo que está pasando, la secretaria sigue hablando.

– Y el momento en el que Victoria, la madre del "Mimi", ha entrado en el plató ha sido increíble, la pobre mujer ha conocido a la futura esposa de su hijo en la televisión y encima en esta situación… Se han abrazado, han llorado juntas y se han vuelto a abrazar más y más.

La cámara no ha perdido detalle alguno.

Roberto aparta todos los pensamientos que inundan su cabeza de golpe con un rápido movimiento horizontal.

– Vamos a centrarnos en lo importante. ¿Qué sabemos de Max?

Cristina está preparada para la pregunta, alarga el brazo y coge un documento que tiene sobre su mesa.

– Se llama Maksim Vorobiov, es de origen ruso, desde hace cuatro años vive en Alicante, solamente tiene el coche a su nombre, el piso donde vive enfrente del gimnasio es alquilado, no trabaja oficialmente en ninguna empresa así que si dices que le has visto trabajando en la discoteca imagino que lo hace sin contrato.

Roberto admira la efectividad de su compañera en la búsqueda de información.

– Muy bien, vamos a enviar una patrulla a su casa. Recuerdo que esta mañana le he visto al salir del trabajo… ¡Voy a la calle un momento!

EJERCICIOS

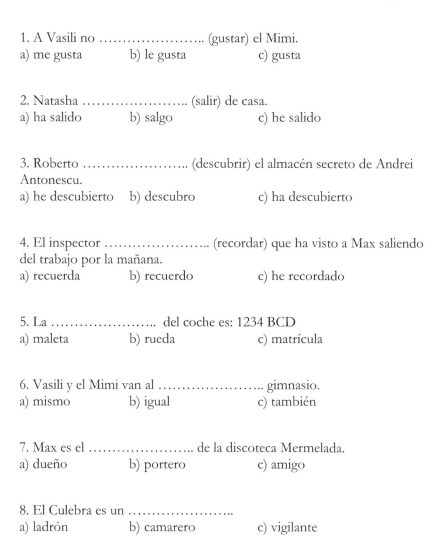

1. A Vasili no ………………….. (gustar) el Mimi.
a) me gusta   b) le gusta   c) gusta

2. Natasha ………………….. (salir) de casa.
a) ha salido   b) salgo   c) he salido

3. Roberto ………………….. (descubrir) el almacén secreto de Andrei Antonescu.
a) he descubierto   b) descubro   c) ha descubierto

4. El inspector ………………….. (recordar) que ha visto a Max saliendo del trabajo por la mañana.
a) recuerda   b) recuerdo   c) he recordado

5. La ………………….. del coche es: 1234 BCD
a) maleta   b) rueda   c) matrícula

6. Vasili y el Mimi van al ………………….. gimnasio.
a) mismo   b) igual   c) también

7. Max es el ………………….. de la discoteca Mermelada.
a) dueño   b) portero   c) amigo

8. El Culebra es un …………………..
a) ladrón   b) camarero   c) vigilante

Soluciones: 1- b, 2 – a, 3 – c, 4 – a, 5 – c, 6 – a, 7 – b, 8 - a

El inspector baja las escaleras de la comisaría a saltos, el tiempo es oro y no debe malgastarlo. A pesar de que el puerto se encuentra a unas pocas calles de la comisaría decide ir en coche, un grave error teniendo en cuenta que el tráfico en el centro de Alicante puede volver loco al hombre más tranquilo del planeta. Llega a su destino con retraso, la zona de fiesta del puerto.

Deja el coche en el aparcamiento junto a las discotecas, lo busca a toda prisa, sabe que está allí, da vueltas por el parking casi corriendo. Lo encuentra entre una furgoneta y un Peugeot viejo, matrícula 1234 BCD, es el coche de Max.

Roberto sabe que el gorila no ha vuelvo a casa, la última vez que lo ha visto ha sido andando en dirección a los barcos del puerto. Sólo hay una persona en el mundo con la habilidad de descubrir cualquier cosa sobre un sospechoso, el inspector saca su teléfono y marca el número de la comisaría.

– Hola guapetón. ¡Cuánto tiempo sin hablar contigo! – Cristina bromea con su dulce voz. – ¿Ya me echas de menos?

– Sí claro, no puedo vivir sin ti, pero hay una cosa que necesito. ¿Sabemos si el tal Maksim Vorobiov o algún familiar suyo tienen un barco?

– No he encontrado nada de nada, de hecho, no tenemos información de ningún familiar suyo. Creo que está solo en España.

Cristina hace una pequeña pausa y continúa hablando.

– Pero tengo algo interesante para ti, hemos interrogado al africano, el encargado del almacén. Dice que Andrei sólo aparece una vez a la semana por allí para recoger dinero. Pero eso no es lo mejor, escucha, resulta que el almacén está a nombre de un tal Amancio Aranda, desaparecido hace dieciseis años, uno de los pocos misterios que no hemos podido resolver en esta comisaría.

– Hmmmm, interesante. – Roberto piensa durante unos segundos. – Tiene que haber un barco, estoy seguro de que hay un barco en algún sitio. Busca información sobre el misterioso dueño fantasma del almacén. ¿Tiene alguna propiedad más?

Cristina revisa sus archivos y exclama de felicidad.

– ¡Lo tengo! Una casa de campo cerca de Villafranqueza, también está a nombre de Amancio Aranda, es muy extraño, ningún familiar ha reclamado ni el almacén ni la casa de este hombre tras su desaparición.

– Envíame la dirección, voy para allí.

16:40

Casa de Amancio Aranda, Villafranqueza

Roberto aparca bajo un árbol a unos 100 metros de la finca. Llegar hasta ese lugar perdido no ha sido fácil, tras cruzar media ciudad ha conducido por un interminable laberinto de caminos. El GPS le ha enviado a una dirección equivocada, por suerte ha encontrado a un pastor que le ha indicado el buen camino.

El inspector puede ver la casa a lo lejos, tiene dos plantas y un porche de madera, parece abandonada. No hay apenas vegetación alrededor de la construcción donde esconderse, por lo que si se aproxima andando puede ser visto fácilmente.

Espera unos minutos para ver si hay algo de movimiento en la zona, nada, todo silencioso, demasiado tranquilo. Decide acercarse, salta la valla sin problemas y se acerca a la casa, puede ver una piscina sin agua, una vieja barbacoa oxidada que no parece haber sido utilizada en más de veinte años, un coche sin ruedas con la pintura descolorida por el sol, un ruinoso establo con puertas metálicas que… de repente, se abren bruscamente para sorpresa del agente.

A toda velocidad sale un coche del establo, Roberto tiene que apartarse para no ser atropellado, puede ver la cara del conductor, es Andrei. El rumano también le mira, sin duda alguna le ha reconocido e intenta escapar. Rápidamente el inspector corre hacia su coche, esta vez pasa por encima de la valla de un solo salto, arranca el motor y comienza la persecución.

Los dos coches vuelan por los caminos de tierra llenos de agujeros, el joven agente puede ver la nube de polvo que deja coche de Andrei. El rumano tiene una buena ventaja, pero la distancia entre los dos coches se acorta poco a poco.

Roberto enciende la radio.

– A todas las unidades, aquí el inspector Sánchez, necesito refuerzos, estoy persiguiendo a un sospechoso, conduce un Audi negro por la carretera de Villafranqueza.

Andrei puede ver como el coche del policía se hace cada vez más grande en el espejo retrovisor. Circulan a todo gas en dirección a San Vicente, atraviesan zonas urbanas **esquivando**[31] el tráfico.

Roberto enciende la sirena del coche.

Ambos coches ignoran todos los semáforos en rojo que se

---

[31] Realizando movimientos para evitar chocar. EN: dodge

encuentran a su paso, llegan a una gran rotonda que da acceso a la Autovía AP-7, con un giro brusco el rumano entra en esta, sin embargo, lo hace por el lado que no debe. Circula en dirección contraria y provoca un pequeño accidente entre dos coches que intentan salir de la Autovía. Roberto no lo duda ni un segundo, le sigue aun sabiendo el peligro que supone conducir por la AP-7 con cientos de vehículos que circulan de frente hacia ti a más de cien kilómetros por hora.

Los coches se apartan a los lados para esquivar el Audi de Andrei, muchos de ellos pitan en señal de enfado con el conductor Kamikaze, a los pocos segundos el coche de Roberto pasa por el mismo camino que ha abierto el rumano.

La distancia se reduce entre ambos coches, casi pueden tocarse, la persecución se vuelve cada vez más agresiva. En un intento desesperado de librarse del policía, Andrei pisa el pedal del **freno**[32] con todas sus fuerzas, el coche se desliza de izquierda a derecha, la imprudente maniobra del rumano pilla por sorpresa a Roberto que frena pero no puede evitar chocar con el Audi de Andrei. El coche del inspector patina hasta golpear uno de los laterales de la Autovía. Se produce un accidente en cadena en el que varios vehículos chocan entre sí. La peor parte se la lleva el coche del rumano que sale volando y, tras dar varias vueltas de campana, termina boca abajo al otro lado de la Autovía.

Tras unos segundos de "shock", Roberto reúne las pocas fuerzas que le quedan para avisar por radio.

– Soy el inspector Sánchez, necesitamos una ambulancia en la AP-7 a la altura de la salida de Bacarot.

---

[32] Mecanismo que sirve para disminuir la velocidad de un vehículo o para pararlo. EN: brake

Hospital de Alicante

Abre el ojo derecho con dificultades, el izquierdo sin embargo parece no querer funcionar. Las imágenes borrosas de la sala poco a poco se vuelven claras y nítidas. Roberto puede ver como las siluetas blancas se convierten en dos enfermeras… un doctor… y Cristina. Esta última se acerca a la cama.

– Tranquilo, todo está bien. Te has llevado un buen golpe en la ceja. Has tenido suerte, unos centímetros más abajo y pierdes el ojo. Llevas un parche estilo pirata que te queda divinamente.

– Andrei… ¿Ha hablado? – La voz de Roberto suena débil.

– Está en la unidad de cuidados intensivos del hospital en estado crítico, obviamente no podemos hablar con él. Los médicos dicen que su situación es muy delicada. ¿Recuerdas lo que ha pasado?

– El accidente… la persecución… la casa de campo....

– Hay un equipo de la policía científica en la casa de Villafranqueza. – Cristina saca su teléfono del bolso. – Voy a llamarles para ver si han encontrado algo.

El inspector se incorpora y se sienta en el borde de la cama, una de las enfermeras ofrece su ayuda, pero Roberto levanta la mano en señal de que no la necesita.

– Estoy bien, estoy bien.

Cristina habla por teléfono durante un par de minutos, Roberto la mira con su único ojo bueno. Ella es, sin lugar a dudas, la persona más dulce en el planeta.

– Dicen que han encontrado el cuerpo del dueño de la casa y del almacén, Amancio Aranda, en un **pozo**[33]. – Cristina se sienta en la cama y continúa hablando. – Al parecer la casa parece la cueva de Ali Baba y los cuarenta ladrones, hay un gran alijo de droga y objetos robados. ¿No te parece increíble lo que puede llegar a hacer la gente? Matar a un hombre mayor y sin familia sólo para utilizar su almacén y su casa…

Roberto escucha atentamente a su compañera, sabe que Andrei es una mala persona y que si sobrevive al accidente va a pasar un buen tiempo en la cárcel. Y todo gracias a su trabajo, siente que ha nivelado un poco la balanza del bien y el mal. Sin embargo, todavía escucha en su mente la llamada del deber, no ha completado su misión.

– ¿Han encontrado algo sobre el "Mimi"?

– Nada, no hay ni rastro de él en la casa y… si lo de las 24 horas es verdad, el tiempo se nos acaba.

– Ayúdame a levantarme, nos vamos de aquí. – el inspector se apoya en Cristina y con un doloroso esfuerzo consigue ponerse de pie. Al dar el primer paso la rodilla se le dobla por completo y casi se cae al suelo.

– Tranquilo vaquero… vas demasiado rápido. Estás débil y todavía tienes el cuerpo medio dormido. ¿Dónde quieres ir con tanta prisa?

– A beber un Red-Bull y a hablar con Natasha.

---

[33] Hoyo profundo que se hace en la tierra para sacar agua. EN: well

🕐 19:25

Casa de Miguel Fernández, el cabo de Alicante

Aparcan el coche frente a la casa del "Mimi", Roberto termina de comer una hamburguesa en el asiento del copiloto.

Cristina bromea al tiempo que apaga el motor.

– ¿A que nunca has tenido una chófer personal como yo?

– La verdad es que no, pero empieza a gustarme.

– El capitán me ha dejado estar contigo y cuidarte solo porque pareces un pirata. – Cristina le dedica un guiño de ojo a su compañero.

Natasha sale al exterior de la villa para recibir a los visitantes que han aparcado frente a su puerta, al ver el ojo del inspector se echa las manos a la cabeza y comienza a llorar.

– ¡Dios mío! ¡Madre mía! ¿Qué ha pasado? ¿Miguel está bien? ¿Lo han matado? – La voz de la joven suena **aterrorizada**[34].

– Tranquila, tranquila, no ha pasado nada, sólo un pequeño accidente

---

[34] Que tiene mucho miedo. EN: terrified

de tráfico. – Roberto trata de calmar a Natasha con sus palabras. –
¿Podemos entrar?

– Sí claro.

Una vez dentro de la mansión, se dirigen hacia el salón a través de un
pasillo decorado con enormes cuadros y lámparas de oro.

El inspector decide presentar a las dos chicas.

– Natasha, ella es mi compañera Cristina. Necesitamos hacerte unas
preguntas, te hemos visto en la televisión, al parecer te has
encontrado con la madre de tu futuro marido.

– Sí, nos hemos conocido y ella es genial, me encanta, está aquí con
nosotros.

Cristina y Roberto se miran sorprendidos por la naturalidad de
la respuesta. Natasha abre una puerta y los tres entran en un amplio
y elegante salón. En un sofá de cuero blanco está sentada Victoria,
la madre del "Mimi", al ver al inspector se levanta de golpe.

– ¡Dios mío! ¿Estás bien? Tu ojo…

Roberto de nuevo debe dar explicaciones.

– Sí, todo perfecto, sólo es una pequeña herida, no es nada grave.

Por otra puerta entra el hombre que ha estado toda la noche en
la casa y que tanto han buscado en las bases de datos de las
comisarías europeas.

Natasha es quien hace las presentaciones esta vez.

– Él es Dimitri, mi hermano mayor.

Acto seguido la chica comenta algo en ruso señalando a los policías
y vuelve a cambiar de idioma para disculparse.

– Lo siento mucho, él no habla español. ¿Queréis algo de beber?

Roberto toma la palabra.

– No gracias, hemos venido para hacerte unas preguntas rápidas. En la televisión has dicho que los secuestradores te han llamado, ¿es eso verdad?

– Sí, han llamado esta mañana.

El inspector abre los ojos como un búho y responde sorprendido.

– ¿Y por qué no nos has dicho nada?

Natasha agacha la cabeza y contesta sin mirar a Roberto a los ojos.

– Han dicho que nada de policía y… yo… pues… me he asustado. – La chica habla con miedo, parece empezar a comprender su error.

– Muy bien, necesitamos detalles de esa llamada. ¿A qué hora ha sido? ¿Con quién has hablado? ¿Tienes el número de teléfono? – El inspector habla rápidamente, parece una **ametralladora**[35] disparando preguntas.

La joven contesta poco a poco.

– Han llamado sobre las once y media utilizando un número oculto, he hablado con un hombre…

– ¿Español?

– No, seguro que no. Puede ser ruso, ucraniano, húngaro, rumano, es difícil decir con seguridad.

Todas las palabras de Natasha quedan apuntadas en la libreta del inspector. Este piensa unos segundos y continúa con su serie de preguntas.

– ¿Conoces a Max? El portero de Mermelada con un tatuaje en

---

[35] Arma automática que dispara balas a gran velocidad. EN: machine gun

la cara.

– Yo no lo conozco, pero creo que ha salido de fiesta alguna vez con Miguel.

Roberto contempla la expresión de la joven, piensa que dice la verdad.

– ¿Y qué puedes decirme de Vasili Zaitsev?

En esta ocasión la cara de Natasha se congela, parece que ha visto un fantasma del pasado, mira a la madre de su futuro marido, Dimitri reacciona a la pregunta y comienza a hablar con su hermana en ruso. El inspector sólo consigue entender las palabras "Alicante", "Vasili" y "Mermelada".

– Él no ha sido, estoy segura, es una buena persona. – La hermosa joven defiende a su ex novio con firmeza. – Él me quiere, todavía me escribe y sé que quiere volver conmigo… pero seguro que no ha secuestrado al "Mimi".

Roberto y Cristina se miran, la secretaria no parece muy **conmovida**[36] por la triste historia de amor. Tras una breve pausa para pensar el inspector cambia de tema.

– ¿Y sabes si Vasili, Max o Miguel tienen algún barco?

– No, la verdad es que no, nunca hemos navegado.

– Y una última cuestión Natasha. – Roberto muerde el bolígrafo y continúa. – ¿El secuestrador te ha pedido dinero? ¿Te ha dicho que quiere?

Las lágrimas vuelven a aparecer en los ojos de la joven, el maquillaje

---

[36] Hacer que una persona se emocione hasta el punto de despertarle deseos de llorar. EN: touched

no resiste más.

– No… Él… Ha colgado el teléfono, no me ha dejado hablar con Miguel…

– Muy bien, nos vamos a llevar tu teléfono y la policía científica lo va a analizar, vamos a descubrir qué ha pasado, tranquila.

☺ 20:37

Roberto y Cristina vuelven al coche tras despedirse de la extraña familia allí reunida.

– Tú que eres mujer, ¿qué piensas de ella?

Cristina arranca el motor y enciende la radio.

– Pues no sé, está claro que sabe actuar y piensa las cosas que quiere decir. Sin embargo, creo que ha dicho la verdad sobre su ex novio, es lo único que nos ha contado que le ha salido del alma.

– ¿Crees que ella también le quiere?

– Creo que es la clase de chica que no quiere ni a uno ni a otro, solo ama el dinero.

Roberto exclama con tono irónico.

– ¡Cómo todas las mujeres!

Cristina mira a su compañero y continúa con la broma.

– Sí claro. ¡Somos todas iguales! Si encontramos al "Mimi" voy a ponerme mi vestido rojo y escotado, no va a poder resistirse a estos labios.

El teléfono suena, es de la comisaría, Cristina activa el "manos libres".

El capitán Manuel Ramos está al otro lado de la línea.

– ¿Se puede saber dónde estáis? Tengo una reunión con la prensa en media hora por lo del accidente de tráfico y necesito información. – La voz de Manuel suena nerviosa, no le gusta responder a preguntas de periodistas si no es para decir lo bien que ha hecho su trabajo.

Roberto es quién toma la palabra.

– Tranquilo capitán, vamos ahora mismo hacia la comisaría, llegamos en cinco minutos, ¿podemos hablar allí?

Manuel maldice y **refunfuña**[37] en voz baja, finalmente contesta.

– Hmmm... Ok, pero rápido que esos buitres de los periódicos me van a comer a preguntas, quieren sus titulares para la edición de mañana.

El capitán entrega el teléfono al joven policía Javier.

– ¡Hola!, ¿necesitáis algo? Yo estoy ahora mismo preparando la rueda de prensa del capitán, pero si puedo ayudaros lo voy a hacer en mi tiempo libre. – La voz de Javier suena tan excitada como siempre, ansioso por colaborar en la investigación.

Roberto pregunta a su compañero.

– Oye Javi, ¿qué le pasa al capitán que está tan nervioso?

– Andrei se ha despertado hace menos de una hora y ya han ido a buscarle tres periodistas diferentes. Los dos policías que están vigilándole en el hospital han llamado a la comisaría y a Manuel le ha

---

[37] Emitir sonidos no articulados o palabras murmuradas entre dientes en señal de enfado o desagrado. EN: grumble

dado un ataque de nervios. ¿Pero creéis que yo puedo ayudaros con algo? ¿Dónde estáis? ¿Qué hacéis?

El inspector se interesa por la noticia del despertar del rumano.

– No gracias, lo tenemos todo controlado. ¿Andrei ha dicho algo sobre Miguel Fernández?

– Según me han comentado los agentes que están en el hospital no para de repetir una y otra vez que no sabe nada del "Mimi".

– ¿Y ha mencionado algún barco? – Roberto no quiere perder la pista del puerto.

– No, para nada, ningún barco. Pero la verdad es que no ha querido hablar mucho, sabe que va a pasar un buen tiempo de excursión en la cárcel. Por cierto, Roberto, el capitán me ha dicho que esta noche tienes que escribir el informe del caso, lo quiere con todo tipo de detalles, si hace falta puedo quedarme y echarte una mano. ¡Ah! Casi lo olvido, también tenéis que pasar por los juzgados antes de las once de la noche y tramitar la denuncia contra Andrei Antonescu.

Cristina es quien contesta esta vez.

– Bueno Javi, ya estamos aparcando, ahora nos vemos y hablamos de todo.

La secretaria cuelga el teléfono y, tras apagar el motor, se dirige a su compañero.

— Cariño, necesitamos unas vacaciones. No quiero acabar igual de estresada que Manuel o igual de loca que Javi, este fin de semana tú y yo alquilamos una caravana y nos vamos a la montaña.

Roberto se gira de repente hacia su compañera, sus ojos se abren y rápidamente contesta.

— ¿Puedes repetir eso que has dicho?

— Pues que necesitamos unas vacaciones y…

— No, no, lo otro.

— Pues que alquilamos una caravana y…

— ¡Eso es! ¡Alquilado! ¡Seguro que el barco es alquilado! Esta mañana he visto a Max andando hacia el puerto, justo hacia el lugar donde se alquilan los barcos. Por eso su coche todavía está en el aparcamiento junto a la discoteca. ¡Vamos al puerto!

— Pero… ¿No tenemos que subir a la comisaría y hablar con el capi…? — Cristina no termina la frase porque ve la cara de su compañero, en ese mismo instante se da cuenta de que ella tampoco quiere enfrentarse a los nervios de su capitán.

Arranca el motor y con una sonrisa enciende la radio.

🕐 21:19

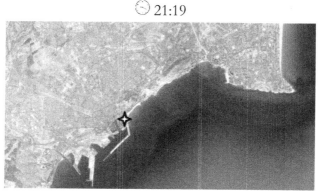

Alquiler de barcos, puerto de Alicante

Cristina y Roberto llegan justo a tiempo, en el cartel de la entrada pueden leer que la oficina solo está abierta hasta las nueve y media. En el interior un hombre de unos cincuenta años parece no alegrarse de ver a unos posibles clientes entrando a última hora en el local.

– Muy buenas, soy el agente Sánchez de la policía y ella es mi compañera Cristina.

El dependiente se sorprende y rápidamente se levanta de su silla.

– Buenas tardes… ¿En qué puedo ayudarles?

– Estamos buscando a un hombre llamado Maksim Vorobiov, lleva un tatuaje en la cara parecido al de Mike Tyson.

– Sí, una montaña de músculos con cara de estar siempre enfadado. Esta mañana ha alquilado un barco a primera hora. ¿Qué pasa con él?

Roberto ignora la pregunta y comienza con su interrogatorio.

– ¿Sabes quién ha subido a ese barco? Y lo más importante de todo, ¿cuándo va a volver al puerto?

El dependiente intenta hacer memoria y responder a las preguntas del policía.

– Pues… no he visto a nadie más la verdad, yo he entregado las llaves del barco a este hombre… ¿Cómo dices que se llama?

– Max.

– ¡Sí!, eso es, Max. Ha pagado en efectivo, algo extraño la verdad, estos alquileres no son baratos. Después ha ido solo a la zona donde tenemos los barcos. Ha alquilado un barco bastante grande así que imagino que no ha ido solo.

Roberto vuelve a formular su segunda pregunta.

– ¿Cuándo va a volver al puerto?

– Pues, según hemos acordado, Max va a dejar el barco en el mismo sitio donde lo ha cogido y va a meter las llaves en nuestro buzón. Durante la noche a cualquier hora, antes de las seis de la mañana, es el procedimiento normal de la empresa.

El inspector siente que está cerca de encontrar al "Mimi"

– ¿Hay alguna forma de localizar el barco ahora mismo?

– Tenemos instalados GPS en todas nuestras embarcaciones por lo que podemos saber dónde se encuentran exactamente.

Roberto saca el teléfono y marca los números a toda velocidad.

– ¿Servicio de Vigilancia Aduanera? Soy el inspector Sánchez, necesito una lancha rápida lista para partir del puerto de Alicante lo más rápido posible… Sí, estoy aquí ya esperando… Muy bien, ahora nos vemos.

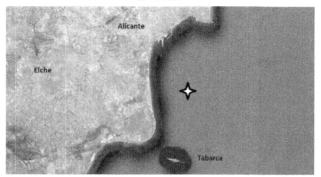

Rumbo a la isla de Tabarca, Mar Mediterráneo

La señal del GPS es clara, el barco de Max se encuentra a unos 800 metros al sur de la isla de Tabarca. Roberto, Cristina y un equipo de agentes especializados en operaciones marítimas se dirigen a toda velocidad hacia la isla.

La lancha de la policía vuela por encima de las olas, normalmente este tipo de embarcación sale del puerto para interceptar los envíos de droga desde el norte de África. Los agentes preparan sus armas.

Cristina prácticamente tiene que gritar en la oreja de Roberto debido al potente **rugido**[38] de los motores.

– ¿Estás nervioso?

– Sí, mucho. Ya lo tenemos, vamos a resolver el caso.

Al pasar junto a la isla pueden ver los muros de una antigua fortificación. la historia de Tabarca es propia de una película del estilo "Piratas del Caribe", con el tiempo ha pasado de ser una isla prisión a un refugio de piratas y en la actualidad se ha convertido en un

---

[38] Sonido intenso y duradero. EN: roar

pequeño enclave turístico rodeado por las aguas del mar Mediterráneo.

A los pocos minutos ven en el horizonte un barco, por las dimensiones y su ubicación parece ser el que están buscando, se encuentra anclado en medio de la nada.

Los agentes se preparan para el asalto, unos potentes focos iluminan el mar frente a ellos.

100 metros hasta su destino, los agentes de las fuerzas especiales preparan sus armas, fusiles HK G36E. Roberto también coge con fuerza su pistola y respira profundamente.

50 metros, Cristina sujeta la mano izquierda de su compañero, no puede ocultar sus nervios.

30 metros, la embarcación se ve cada vez más grande, se escucha como uno de los agentes hace la señal de la cruz con su mano derecha.

– En el nombre del Padre, y del Hijo, y del Espíritu Santo, Amén.

15 metros… 10… 5… contacto.

Todo sucede en pocos segundos, las dos embarcaciones chocan ligeramente, los seis agentes de las fuerzas especiales abordan el barco.

– ¡Alto! ¡Policía! ¡Manos arriba!

Acto seguido Roberto y Cristina suben a la embarcación, no hay nadie en la cubierta del barco, entran en el camarote. Un grupo de 5 hombres sorprendidos con cervezas levantan los brazos, están rodeados por los seis agentes fuertemente armados. Allí están Max, el "Mimi" y su primo Daniel, este último se lleva las manos a la cabeza y grita.

– ¡Eres tonto! ¡Pero muy muy tonto! Por tu culpa, primo, vamos a ir todos a la cárcel. – Habla con dificultad, sin duda por el efecto del alcohol en su cuerpo y el nerviosismo de estar siendo apuntado por las armas de los policías.

– No voy a ir a la prisión por culpa de tus estupideces "Mimi", te hemos preparado una fiesta sorpresa y entre tu novia loca y tú habéis creado el caos, como siempre. – Max recrimina a su colega en un tono enfadado.

Roberto no puede creer lo que está viendo. Golpea con su pie una botella de cerveza que está en el suelo, coge un paquete de cigarrillos de la mesa y lo lanza por la ventana, finalmente se gira y agarra fuertemente al "Mimi" por la camiseta con ambas manos.

– ¿Qué está pasando aquí?

Al abrir la boca para hablar, el supuestamente secuestrado desprende un fuerte olor a alcohol.

– Es… Es mi despedida de soltero. Ellos lo han organizado así, me han secuestrado en casa y me han llevado toda la noche de fiesta, después me han metido en este barco y hemos seguido aquí… "after party".

El inspector comienza a ponerse furioso, recuerda el tiempo que ha pasado recorriendo la ciudad buscando pistas sobre el secuestro. Por la cabeza de Roberto pasan imágenes del sótano dónde ha estado encerrado, la persecución en el puerto entre los contenedores, el asqueroso olor de la furgoneta del Culebra, el accidente de tráfico con Andrei.

Cristina al ver la cara de su compañero toma la palabra.

– ¿Y quién ha llamado a Natasha esta mañana?

– Ha sido idea suya. – Daniel contesta rápidamente **señalando**[39] a su primo con el dedo. – Esta noche me ha llamado su novia para preguntarme por Miguel y me ha dicho lo del secuestro, cuando se lo he contado a mi primo el muy tonto ha tenido la genial idea de continuar con la farsa, así que él mismo ha llamado a Natasha con una app que modifica la voz.

Cristina es la que ahora parece estar furiosa.

– ¿Puedo simplemente preguntar por qué? Es lo más estúpido que he oído nunca.

Todos miran al "Mimi" que no dice ni una sola palabra, mira al suelo y parece empezar a ser consciente de lo que ha hecho, su primo es quien contesta.

– Él ha pensado que si la noticia del secuestro sale en los programas de la televisión y hablan de él en las revistas del corazón… va a ser más famoso. – Daniel termina esta última frase avergonzándose de

---

[39] Indicar, mostrar o llamar la atención sobre una cosa o una persona, especialmente dirigiendo el dedo hacia ella. EN: point

sus propias palabras.

Cristina se echa las manos a la cabeza y sin decir palabra alguna sale del camarote, los agentes bajan las armas y le siguen. Roberto es el último en abandonar el barco, dirige sus últimas palabras hacia el "Mimí".

– ¿Qué haces ahí sentado? Tú te vienes con nosotros. Fingir un secuestro es delito y esta noche vas a dormir en la comisaría.

El "Mimí" hace lo que el policía le dice, sale del camarote sin despedirse de sus compañeros de fiesta.

🕐 23:16

Durante el trayecto de vuelta nadie hace un solo comentario. En el puerto una patrulla de la policía les espera para recoger al "Mimí". Roberto y Cristina se despiden de los agentes y se dirigen al aparcamiento. El inspector es el primero en romper el silencio.

– No me lo puedo creer…

Su compañera le dedica una hermosa sonrisa y le invita a subir al coche.

– Tienes que mirarlo por el lado bueno cielo, hemos atrapado al Culebra y a Andrci Antonescu gracias a esta investigación.

Roberto admite que Cristina tiene razón, ha sido uno de los días más duros de su vida, pero gracias a él, la ciudad está un poco más limpia de delincuencia que ayer.

– Sabes, creo que voy a hacerte caso con eso de las vacaciones. Este fin de semana alquilamos una caravana y nos vamos a la montaña.

– Me parece genial. Ahora, mi querido inspector, te voy a llevar a casa, tú vas a descansar y yo voy a volver a la comisaría a terminar todo el papeleo. Me muero de ganas de explicarle al capitán cómo hemos cerrado el caso. Seguro que va a enloquecer con la simple idea de tener que hablar con la prensa del secuestro. – Ambos se ríen imaginando la cara de agobio de Manuel ante las preguntas de los periodistas.

☺ 00:00

Roberto se tumba en la cama agotado, está totalmente exhausto después del intenso día de trabajo, no tarda en cerrar los ojos y sonríe. Por su cabeza pasan los recuerdos del día que ya no son amargos sino gratificantes, el trabajo en la policía es, sin duda, uno de los más duros que existen, pero le encanta.

Finalmente se queda dormido como un bebé.

☺ 00:14

¡Ring! ¡Ring! Suena el teléfono...

TEST

1. Roberto piensa en .... a su ciudad.
a) volver   b) volvemos   c) vuelve

2. Vasili va al trabajo .... pie.
a) en   b) a   c) sobre

3. ¿Dónde .... ahora?
a) eres   b) estás   c) estuviste

4. ¿Con qué frecuencia .... deporte Natasha?
a) hacéis   b) hago   c) hace

5. ¿ .... es tu personaje favorito?
a) Qué   b) Cuál   c) Cuáles

6. En la discoteca Mermelada puedo pedir ....
a) una bufanda   b) una toalla   c) un chupito

7. Tengo que ir a la .... para comprar un libro.
a) librería   b) biblioteca   c) carnicería

8. Esta mañana .... a un sospechoso.
a) vi   b) he visto   c) veré

9. No quiero .... caramelo.
a) ningún   b) nadie   c) algún

10. ¿Has leído .... libro en español?
a) algún   b) algo   c) ningún

EJERCICIOS

Completa las frases utilizando las palabras del recuadro:

> Balas, almacén, ametralladora, pozo, secuestro, patada, presa

1. He olvidado las llaves y he tenido que abrir la puerta de una
.... Ahora me duele el pie.

2. El depredador espera escondido a su ...., cuando esta se
acerca, ataca.

3. Una .... es capaz de realizar cientos de disparos por minuto.

4. La policía ha investigado el .... del joven cantante
desaparecido.

5. El detective no puede disparar porque su pistola no tiene
....

6. No hemos podido sacar agua porque el .... está seco.

7. En el .... de la policía se encuentran todas las pruebas que
los agentes han descubierto sobre el caso.

JUEGO DE PISTAS

¿Quién ha asesinado a la condesa Ágata?

Alguien ha matado a la condesa Ágata, la mujer más rica de Alicante. Eres un famoso detective privado y debes descubrir quién es el asesino.

Sospechosos:

Ana, la mejor amiga:

Tiene mucho dinero porque su marido es rico. Está casada con el hermano de Ágata. Ha pedido dinero a su marido para comprar una nueva casa en Miami. Normalmente juega al tenis los domingos con Jorge. Siempre lleva en el bolso un espejo pequeño. Los testigos afirman que no ha llorado en el funeral de Ágata.
"Pasa más tiempo jugando al tenis que con su marido, el hermano de Ágata".

Miguel, el jardinero:

Trabaja en el jardín de la mansión de la condesa, es el primero que ha visto el cuerpo muerto de Ágata y ha llamado a la policía. Siempre lleva un cuchillo muy grande. Se ha peleado con Ágata muchas veces porque ella se ha olvidado de pagarle.
"Ha discutido con Ágata el día de su muerte por dinero"

Cristian, el marido de Ágata:

Tiene 20 años menos que Ágata y parece que no está muy triste por su muerte. Se va a casar con otra mujer en 3 meses, también mayor que él. Ha ganado mucho dinero de la herencia de Ágata.

"Nunca nadie le ha visto besar a Ágata"

Jorge, el profesor de tenis

Es joven, atractivo y deportista. Es el profesor de tenis del club. Es colombiano, pero vive en España desde hace 5 años. Va a irse a vivir a América porque dice que está cansado de vivir en España, va a vivir en Miami.

"Ha estado en casa de Ágata mucho últimamente, también el día de su muerte, jugando al tenis"

Richard, el mayordomo.

Es inglés y ha trabajado en la mansión de Ágata durante 35 años, conoce bien todos los secretos de la casa. Bebe mucho vodka y whisky. Siempre lleva un traje elegante y una sonrisa falsa en la cara.

"Ha bebido mucho alcohol en esta última semana, incluido el día de la muerte de Ágata"

Paul, el cocinero.

Es francés, siempre ha querido ser un cocinero famoso y le gusta mucho la cocina moderna pero en casa de Ágata solo ha cocinado cocido y lentejas. Es muy impulsivo, hace las cosas sin pensar.

"Ha intentado besar a Ágata en varias ocasiones"

PISTAS

INFORME DE LA POLICIA

Día de la muerte: 27 de enero de 2017

Hora de la muerte: 16:30

El cuerpo se ha encontrado en el vestuario junto a la pista de tenis. El asesino ha utilizado un gran cuchillo, parece un cuchillo de jardinero. También hemos encontrado una botella de vodka en el vestuario y un pequeño espejo roto.

EL CAPITÁN JEFE DE LA UNIDAD DE POLICIA JUDICIAL
P.G. y A
EL BRIGADA DE LA SECCIÓN DE INVESTIGACIÓN

TESTIMONIO DE MIGUEL, EL JARDINERO

El asesino ha utilizado mi cuchillo, yo lo he dejado en una mesa cerca del vestuario de la pista de tenis. Es verdad que Ágata ha olvidado pagarme este mes, pero….

¡Yo no soy un asesino! He entrado en el vestuario y he encontrado a Ágata en el suelo muerta.

EL DIARIO DE ÁGATA

Día 26 de enero: Hoy ha sido un día muy extraño, mi marido me ha dicho que ha conocido a otra mujer y que se quiere casar con ella. Despúes Paul, el cocinero, me ha intentado besar, pero yo le he dicho que no. ¡Vaya día de locos!

Richard ha bebido mucho vodka como siempre y está muy borracho, creo que voy a despedirle y buscar otro mayordomo....
Mañana voy a jugar al tenis con Ana y Jorge.

LA BOTELLA DE VODKA

Se ha encontrado junto al cuerpo de Ágata, es la misma marca que bebe siempre Richard, "Żubrówka". Pero hay algo extraño, junto a la botella han encontrado dos vasos de cristal y Richard nunca bebe con vaso.

¿Quién piensas que ha matado a Ágata? ¿Por qué?

....

....

....

....

En la siguiente página está la solución.

MENSAJE EN EL CONTESTADOR AUTOMÁTICO DEL HERMANO DE ÁGATA

Mensaje de Ágata, 27 de enero a las 16:29 horas:

Hermano, soy yo. He descubierto algo terrible. Tu mujer te engaña con nuestro profesor de tenis, les he visto besarse en el vestuario. Estoy escondida y no me pueden ver. Ana coge una botella de vodka de Richard y brindan por su nueva vida en Miami, ¡se quieren escapar juntos!
Ohhhh me han visto……….. ella……….. tiene un cuchillo………. ¡¡¡¡¡¡¡AHHHHHhhhhhhhhhhh!!!!!!

Efectivamente, Ana es la asesina, ella tiene un romance con el profesor de tenis. Ágata descubre el secreto de su amiga y Ana la mata para poder huir con su amante. Jorge ve toda la situación y no dice nada a la policía, por lo tanto, es cómplice de asesinato.

Completa el texto con las siguientes frases:

A. el buen clima
B. una de ellas
C. a unos cinco kilómetros
D. Comunidad Valenciana
E. antiguamente había piratas.

ALICANTE

Alicante es una ciudad española que se encuentra en la …..1….. Tiene más de trescientos mil habitantes. Todos los años, un gran número de turistas visitan la ciudad de Alicante, las cosas más atractivas para los turistas son …..2….. , las playas, los restaurantes y las tiendas. En la región de Alicante hay muchísimas cosas interesantes, desde altas montañas con nieve hasta una ciudad llena de palmeras y una isla donde …..3…..

Hay un montón de historias y leyendas sobre esta ciudad, …..4….. dice que, hace muchos años, unos enamorados fueron separados por el rey que gobernaba. Si miramos desde la playa del Postiguet hacia el castillo de Alicante, podemos ver en la montaña la cara triste del hombre enamorado.

Alicante tiene un puerto muy grande, donde cada día hay cruceros, yates y otros barcos. Las calles del centro de la ciudad están llenas de pequeñas tiendas y restaurantes con comida de todas las partes del mundo. La Universidad de Alicante es una de las más grandes y modernas de España, se encuentra en San Vicente, …..5….. del centro de la ciudad. Muchos estudiantes viven en el centro y van todos los días a clase en autobús.

Soluciones: 1 d, 2 a, 3 e, 4 b, 5 c.

Escucha las canciones y completa los huecos.

Loca, Álvaro Soler

Para mí, para mí
Para mí .... (1) es amor
Pero sé, pero sé
Que no quieres .... (2)
Tú y yo, tú y yo,
No me hace falta más
Sé que sin ti yo no .... (3) dormir

Y vente la cama y por la .... (4)
No quiero verte, no quiero verte irte sin mí
Y regálame un beso, sólo por eso vale la pena
Vale la pena estar .... (5) a ti

Loca, loca, loca cuando me provoca
Pierdo y pierdo la .... (6)
Cada, cada, cada vez que en tu almohada
Busco la ....
Contigo pierdo la razón

Eres tú, eres tú la que me hace .... (7)
Y que no hay que olvidar que hace falta vivir
¿Cómo es, cómo es que me tienes así?
¿Será que sin ti .... (8) podré dormir?

*Estribillo

La puerta violeta, Rozalen

Una niña ………………….. (1) en el espejo
me mira prudente y no quiere hablar.
Hay un monstruo gris en la cocina
Que lo ………………….. (2) todo, que no para de gritar.

Tengo una mano en el cuello
que con sutileza me impide ………………….. (3)
Una venda me tapa los ojos,
puedo oler el ………………….. (4) y se acerca.

Tengo un nudo en las cuerdas que ensucia
mi voz al ………………….. (5)
Tengo una culpa que me aprieta,
se posa en mis hombros y me ………………….. (6) andar.

Pero dibujé una puerta violeta en la ………………….. (7)
Y al entrar me liberé.
Como se despliega la vela de un ………………….. (8)
Desperté en un prado verde muy lejos de aquí
Corrí, grité, reí, sé lo que no ………………….. (9)
Ahora estoy a salvo

Una flor que se marchita,
un ………………….. (10) que no crece porque no es su lugar
Un castigo que se me impone,
un verso que me tacha y me anula
Tengo todo el ………………….. (11) encadenado,
Las manos agrietadas, mil arrugas en la piel,
las fantasmas ………………….. (12) en la nuca.
Se reabre la herida y me sangra.

Hay un jilguero en mi garganta que vuela con fuerza.
Tengo la necesidad de girar la ………………….. (13) y no mirar atrás.

Soluciones: 1 triste, 2 rompe, 3 respirar, 4 miedo, 5 cantar, 6 cuesta, 7 pared,
8 barco, 9 quiero, 10 árbol, 11 cuerpo, 12 hablan, 13 llave

¿Por qué te vas?, Jeanette

Hoy en mi .... (1) brilla el sol, y el corazón
se pone .... (2) contemplando la ciudad.
¿Por qué te vas?

Como cada .... (3) desperté pensando en ti,
y en mi reloj todas las .... (4) vi pasar.
¿Por qué te vas?

Todas las promesas de mi amor se irán .... (5)
Me olvidarás, me olvidarás.

Junto a la estación lloraré igual que un .... (6)
¿Por qué te vas? ¿Por qué te vas?

.... (7) la penumbra de un farol se dormirán.
Todas las .... (8) que quedaron por decir,
se dormirán

Junto a las manillas de un .... (9), esperarán.
Todas las horas que quedaron por .... (10), esperarán.

Todas las promesas de mi .... (11) se irán contigo
Me olvidarás. Me olvidarás.

Junto a la .... (12) yo lloraré igual que un niño
¿Por qué te vas? ¿Por qué te vas?

Soluciones: 1 ventana, 2 triste, 3 noche, 4 horas, 5 contigo, 6 niño, 7 Bajo,
8 cosas, 9 reloj, 10 vivir, 11 amor, 12 estación.

Inventas, Vanesa Martín

De todas las mujeres que habitan en mí
juro que hay ………………….. (1) que yo ni conozco.
Inevitablemente ya me acostumbré
a dejarle a la ………………….. (2) lo que no controlo.
Dices que hace un año que no estoy aquí,
acaba de caer un jarro de agua ………………….. (3)
En este túnel nadie nos podrá escuchar,
no hay cobertura de tu ………………….. (4) a la mía.

Inventas una excusa más y te lamentas,
mi lector de ………………….. (5) no te encuentra
como sí que encuentra tu intención.
Accedes a mi manual de "tú no ………………….. (6)",
detectas el fallo y te me creces,
vas al rojo ganador, vas al rojo ganador.

Es demasiado ………………….. (7) para dar la vuelta,
demasiado pronto para saber quién soy.
Mi vida se quedó rondando alguna ………………….. (8)
alguna puerta, pero también saltó a pleno pulmón.

Las tornas van cambiando y yo no pido cuentas,
en ………………….. (9) de una ocasión me he jodido yo.
Vencí al delirio por la escuadra y sin grandeza
y nos ………………….. (10) a la cama sigue siendo "nos".

Soluciones: 1 algunas, 2 izquierda, 3 fría, 4 boca, 5 ojos, 6 puedes, 7 tarde,
8 puerta, 9 más, 10 vamos

LIBROS QUE TE PUEDEN INTERESAR

 "Vocabulario español A1" es un diccionario ilustrado por categorías y multitud de ejercicios para estudiantes de primer año de español. Es perfecto para consolidar el nivel básico de español. Incluye multitud de actividades online.

 "NUEVO DELE A1", cuaderno de ejercicios para preparar la prueba de español DELE A1. Incluye tres modelos completos del examen, ejercicios de preparación, consejos, audios y soluciones.

 "Nuevo DELE A2", es un manual para preparar el examen de español DELE A2, contiene 4 modelos completos del examen, soluciones, consejos y ejercicios de vocabulario.

 "Nuevo DELE B1", es un manual para preparar el examen de español DELE B1, contiene 4 modelos completos del examen, soluciones, consejos y ejercicios de vocabulario.

 "La prisión: elige tu propia aventura" es una novela para los estudiantes de nivel más avanzado. Tiene 31 finales diferentes a los que llegaremos tomando diferentes decisiones. El objetivo es escapar de la prisión.

 "Hermes 2, para practicar el subjuntivo" es una novela de ciencia ficción para estudiantes de español. Leyendo las aventuras de la tripulación de una moderna nave espacial, podrás practicar los diferentes tiempos del modo subjuntivo.

 "Materiales para las clases de español" es un libro con cientos de recursos que los profesores pueden utilizar en sus clases. Incluye ejercicios de todo tipo y para todos los niveles, tanto para clases individuales como para grupos. El libro en sí, es una fuente de inspiración para los docentes.

"SIELE, preparación para el examen" es un manual de apoyo para todos aquellos estudiantes que desean presentarse a la prueba de lengua española SIELE. El libro contiene multitud de ejercicios desde el nivel A1 hasta el nivel C1.

 "Conversación, para las clases de español" es un libro para profesores de español con multitud de ejercicios de expresión oral. Un manual con debates, situaciones de rol, ejercicios de exámenes, juegos y mucho más.

 "Spanish for Business", es un manual para todas aquellas personas que utilizan la lengua española en su trabajo. El libro incluye un modelo completo del examen DELE B2.

AGRADECIMIENTOS

A mi familia, que siempre ha estado ahí y que me ha apoyado en cada uno de mis proyectos.

A mi buen amigo Melez, diseñador gráfico que hace las mejores portadas del mundo.

A ti, por haber leído este libro. Espero que hayas disfrutado con él, si tienes cualquier duda, por favor, escríbeme a mi email: ramondiezgalan@gmail.com

Si puedes dejar un comentario sobre el libro en la página web donde lo has comprado me ayudarías muchísimo ☺ Además, si me envías a mi email el enlace al comentario que has dejado en la web donde has comprado el libro o una captura de pantalla del mismo, te voy a enviar un regalito ;)

SI QUIERES MÁS CONTENIDO GRATUITO ADICIONAL, ÚNETE A MI COMUNIDAD DE ESPAÑOL DE INSTAGRAM:

EL SEMÁFORO ESPAÑOL

65205740R00066